La hantise
du passé

1998

dans la même collection

Humanitaire : le dilemme *par Rony Brauman (1996)*

Pour une philosophie de la maladie *par François Dagognet (1996)*

Cybermonde, la politique du pire *par Paul Virilio (1996)*

La République menacée *par Pierre-André Taguieff (1996)*

Vers un droit commun de l'humanité *par Mireille Delmas-Marty (1996)*

Contre la fin du travail *par Dominique Schnapper (1997)*

L'Avenir du progrès *par Dominique Lecourt (1997)*

Malaise dans la mondialisation *par Zaki Laïdi (1997)*

À quoi sert la littérature ? *par Danièle Sallenave (1997)*

Collection dirigée par Philippe Petit,
docteur en philosophie et journaliste.

Graphisme : Caroline Keppy et Sandrine Roux

© Les éditions Textuel
9, rue du Helder
75009 Paris

ISBN : 2-909317-49-8
ISSN : 1271-9900
Dépôt légal : avril 1998

Photographie de couverture :
© Hannah/Opale

conversations pour demain

textuel

La hantise du passé

Henry Rousso

entretien
avec
Philippe Petit

sommaire

Notre époque est prise de fascination pour le passé. Cette tendance désordonnée conduit à une confusion essentielle entre mémoire et histoire. La mémoire rend le passé présent, mais de façon immédiate et sélective ; l'histoire, elle, nous permet d'appréhender la distance qui nous sépare de lui, et de souligner les changements intervenus. S'il ne peut que déplorer certaines actions de ses prédécesseurs, l'homme peut cependant comprendre jusqu'aux pires d'entre elles. Et comprendre le passé, c'est échapper à sa hantise.

L'histoire peut-elle se faire à chaud ? Penser qu'elle trouve là, dans le passé récent, un champ renouvelé d'investigations, c'est croire, avec Henry Rousso, que les vivants ont à dire, et que la *vie* est un sujet véritable. Quelles ont été les conditions d'émergence de l'histoire du temps présent ? À quelles difficultés est-elle confrontée ?

Quelle place, au tribunal, pour le chercheur ? Aucune ne lui est confortable, car son œuvre ne juge pas, et son discours s'accorde aussi mal aux réquisitoires qu'aux plaidoyers. Henry Rousso croit cependant à l'importance du rôle de l'histoire dans la quête d'un rapport lucide au passé. Archives du communisme, affaire Aubrac, procès Papon : comment alors se prémunir de l'agitation et des parti pris ?

avant-propos

Vichy, la Résistance, le Génocide…
Les traumatismes du passé sont toujours
là. Le cauchemar de la Seconde Guerre
mondiale hante notre présent. Le magasin
de souvenirs a de nombreux clients. Les
années noires se bousculent au portillon des
embrouilles. Les victimes, a-t-on entendu,
dans les couloirs du palais de justice
de Bordeaux, se faisaient de la concurrence,
les résistants s'offusquent, les historiens
montent au créneau, Papon se défend, l'État
se porte garant, les justes se réveillent,
les salauds se taisent. Et la plupart des
citoyens n'y comprennent plus rien.
La France est malade de son passé, elle n'en
finit pas de digérer « l'étrange défaite de
1940 » et les blessures de la collaboration.
La hantise du passé est devenue une
obsession nationale ; les générations nées
après 1945 font les comptes de ceux qui sont
morts les armes à la main et de ceux qui ont
survécu, résisté, trahi ou collaboré. Elles font
mine de s'étonner que la Résistance, comme
toutes les entreprises humaines, a connu
« des désintéressés et des habiles, des héros
et des ambitieux », elles découvrent dans la
contrition que le cadavre de Vichy est encore
chaud et que les séquelles du passé sont

incurables. Elles vivent, à travers les yeux de
Lydie Salvayre, en *Compagnie des spectres,*
elles voient le monde en gris, Paris en noir
et blanc; elles ne croient plus aux couleurs
de la reconstruction et aux mirages de
« la synthèse républicaine » de l'après-1944.
Ce ne sont là qu'impressions, mais elles
sont dans l'air du temps. Le souvenir de la
tragédie des années 1940-1944 est devenu
un enjeu de mémoire et de pensée aux
contours diffus et aux visées incertaines.
La frénésie de commémorations et l'injonction impérieuse du devoir de mémoire ont
pris la place de la réflexion politique.
La singularité incontestable et incomparable
du Génocide est instrumentalisée à des fins
partisanes. La signification à donner à
l'extermination des juifs d'Europe provoque
des discussions à la limite de la scolastique.
Les historiens et les penseurs qui osent
« affronter et accepter l'irréparable »,
soutenir le face-à-face avec ce qui a eu lieu
ne sont pas légion. Henry Rousso, auteur du
Syndrome de Vichy (1987), directeur de
l'Institut d'histoire du temps présent (CNRS)
est de ceux qui ne reculent pas devant une
telle difficulté. Né en 1954, issu d'une
famille juive d'Alexandrie chassée par
Nasser lors de la crise de Suez, en 1956,
il connaît le poids des origines et n'est pas

étranger aux tourments de l'exil. Son regard
sur l'Histoire et les malheurs du siècle n'est
pas celui d'un historien faustien ni d'un
évangéliste touché par la grâce. Il n'est pas
un forcené de l'objectivité, il est un
chercheur lucide, conscient des limites
de l'historiographie mais aussi de sa gran-
deur. La conception qu'il se fait du métier
d'historien est plus proche de celle de Marc
Bloch et de Yosef Hayim Yerushalmi que de
celle de François Furet ou de Stéphane
Courtois, le maître d'œuvre du *Livre noir
du communisme*. On ne convoque pas
l'Histoire comme des témoins au tribunal ;
le travail de l'historien consiste bien
à « remettre le passé dans le présent,
mais pour mieux appréhender la distance
qui nous en sépare, pour rendre compte
de l'altérité, du changement intervenu »,
souligne-t-il. La hantise du passé n'a d'égales
que sa falsification ou sa « judiciarisation ».
Trop d'historiens sont tentés d'écrire « une
histoire où la rhétorique prend le pas sur
l'argumentation ». Trop de journalistes sont
enclins à vouloir identifier sans hésiter
victimes et bourreaux, innocents et
coupables. Tout se passe aujourd'hui comme
s'il fallait à tout prix exorciser les crimes
du passé. On se sert de la justice et de la
mémoire pour en finir une fois pour toutes

avec la tragédie. On voudrait, affirme
Henry Rousso, « imposer à son inconscient
un devoir de mémoire », comme on voudrait
imposer à l'Histoire un devoir de justice.
Comble d'ironie, le nazisme devient alors
« ce vocable d'opinion affaibli, qu'on
applique de-ci de-là, à Nasser ou à
Milosevic, ou à Saddam Hussein, soit à
tout ce qui est tenu pour insupportable ou
inhumain », fait remarquer le philosophe
Alain Badiou.
C'est ainsi que ce qui est incomparable et
singulier devient un enjeu de mémoire extrê-
mement suspect. Car, au lieu d'identifier
clairement le nazisme comme une politique
criminelle unique et singulière, nous nous
référons à lui pour anéantir la singularité
du présent et rêvons d'une idée historique
du Mal qui serait symétrique de l'idée
transcendante du Bien. C'est ainsi que nous
refusons le face-à-face de la pensée avec
l'extermination des juifs d'Europe et nous
nous aveuglons sur l'histoire présente.
Au nom de la morale, de la mémoire, de la
justice, nous dissolvons la singularité
historique des événements dans des catégories
abstraites et circulantes qui nous rendent
sourds aux échos du passé et du présent.
Devant de telles dérives, il importait de
remettre les pendules à l'heure et de faire

la lumière sur toutes ces questions. L'auteur de *Vichy un passé qui ne passe pas*, ouvrage écrit avec Éric Conan, nous a paru le mieux placé pour y répondre. Il serait temps d'apprendre à « vivre *avec* le souvenir de la tragédie plutôt que d'essayer de vivre *sans* lui, comme après la guerre, ou *contre* lui, comme aujourd'hui ». Le travail de mémoire réalisé sans un effort de pensée et de connaissance tourné vers l'avenir est peine perdue. L'oubli total et le souvenir constant sont les deux faces d'une même pièce mortifère qui nous empêchent et de vivre et de penser. Pour l'avoir compris plus tôt que les autres historiens de sa génération, Henry Rousso s'est imposé une ligne de conduite dont il ne s'est jamais départi. Pour accepter l'irréparable, il s'est fait historien du temps présent. Nous lui avons demandé de nous raconter l'histoire de cette nouvelle discipline devenue une institution en 1979, et de nous éclairer sur l'actualité de notre passé. Papon, la Résistance, Vichy, le Génocide… rien ne manque. Mais, à côté de ces thèmes controversés, le lecteur trou-vera, nous l'espérons, des arguments et des réponses sur le bon usage de la mémoire, et se sentira, peut-être, un peu moins écrasé par le passé au sortir de sa lecture.

Philippe PETIT

Mémoire et histoire : la confusion

Lorsque vous étiez jeune normalien vers le milieu des années soixante-dix, c'est après avoir refermé *La France de Vichy*, de Robert Paxton, que vous avez éprouvé le besoin de poursuivre vos études historiques sur la crise des années 1940-1944. Depuis, votre intérêt pour cette période ne s'est pas démenti, vous êtes même devenu, avec *Le Syndrome de Vichy de 1944 à nos jours* (1987), l'analyste de cette période et n'avez eu de cesse de pointer combien la France est malade de son passé. Votre refus de témoigner au procès Papon vous a distingué de vos collègues historiens. Vous voulez bien être un connaisseur du passé mais vous vous refusez à devenir un agitateur de la mémoire collective.

À l'heure actuelle, le passé proche se présente à nous avec une intensité inégalée. Il revêt une actualité inédite, conséquence de la difficulté d'assumer les tragédies du XXe siècle, dont nous prenons toute la dimension avec un certain retard. Nous vivons dans le « temps de la mémoire », c'est-à-dire dans un rapport affectif, sensible, douloureux même, au passé. L'historien, comme tout citoyen, appartient pleinement à ce temps. Mais il doit pouvoir s'en détacher autant que possible, le mettre à distance, ou, du moins, aider à cette mise à distance indispensable, ce qui est le propre de toute démarche historienne. C'est l'un des enjeux majeurs de l'« histoire du temps présent », un champ disciplinaire aussi ancien que l'histoire elle-même, mais qui a connu un renouvellement spécifique en Europe, dans les vingt dernières années. Cette approche, qui fait du temps présent – le temps des acteurs vivants, donc des témoins – un objet d'histoire comme un autre, s'est confrontée d'emblée à la nécessité de comprendre des événements qui peuvent en apparence échapper à toute rationalité, au premier rang desquels le nazisme et le Génocide. Son émergence même résulte de la nécessité, malgré l'immense difficulté, d'aborder ce passé avec la volonté de l'analyser et non d'en subir seulement les effets. C'est la raison pour laquelle l'histoire du temps présent telle qu'elle se pratique aujourd'hui a fait de la mémoire un de ses sujets de prédilection, sans craindre le paradoxe puisqu'il s'agit de faire l'histoire de la manière dont les sociétés vivent et pensent rétrospectivement leur propre histoire.

La tâche est d'autant plus ambitieuse que le passé proche fait aujourd'hui partie de notre actualité la plus brûlante. Il n'est pas simplement un sujet de recherches ou de réflexions. Il se retrouve convoqué au tribunal, comme dans le cadre du procès Papon, ou pris dans des polémiques lourdes d'enjeux idéologiques ou identitaires, comme dans toutes celles qui touchent à l'histoire de la Seconde Guerre mondiale et du communisme. Face à cette agitation, écho lointain des fractures du passé, je crois en effet que les historiens doivent se garder, autant que faire se peut, de jouer les agitateurs de la mémoire, ne serait-ce que pour rappeler que l'histoire et la mémoire ne se confondent pas.

La distinction établie entre la mémoire et le souvenir est un habitus de la philosophie. Le souvenir désigne le fait de retrouver une connaissance ou une sensation. La mémoire signifie à la fois l'acte de se souvenir et le passé en soi. Souvent, lorsqu'on parle de la mémoire historique, on a tendance à confondre ces deux registres, on aimerait que les cérémonies du souvenir soient des cérémonies de la mémoire et que le passé en général soit à jamais présent. Vous-même, vous avez parlé de « la mémoire dans tous ses états ». En tant qu'historien, comment expliquez-vous ce phénomène ?

L'appréhension du passé, sous quelque forme que ce soit, engendre aujourd'hui de très nombreuses confusions, dont celles que vous signalez. Elles résultent pour partie d'une sensibilité nouvelle, exacerbée, pour tout ce qui touche à la

« mémoire », un sujet d'actualité, récurrent dans le débat public contemporain, en France comme dans d'autres pays. Le terme est à la fois omni-présent et polyvalent, il a envahi le vocabulaire médiatique, culturel et esthétique. Dès lors qu'il s'agit d'évoquer le passé proche ou lointain, de parler de l'histoire au sens le plus classique du terme, il surgit presque inévitablement, comme paré de vertus magiques, offrant un supplément d'âme, que les propos tenus soient lyriques ou triviaux. Il est même utilisé dans le langage scientifique en des formes parfois saugrenues, comme dans les polémiques récentes sur la « mémoire de l'eau ». Et lorsque l'État et la Sécurité sociale tentent de convaincre le citoyen de l'utilité du nouveau car-net de santé, ils le présentent comme la « mémoire de votre santé ». De tels usages métaphoriques tra-duisent sans doute des réalités scientifiques et proviennent du langage de la génétique ou de l'in-formatique. Mais ils ressortissent aussi à un état d'esprit plus général, à un air du temps qui a vu la mémoire devenir peu à peu une « valeur », et non plus simplement un phénomène objectif. Cette montée en puissance de la mémoire résulte égale-ment, peut-être même en priorité, du poids des réminiscences et des séquelles toujours vivaces de la Seconde Guerre mondiale et des autres tragédies du xxᵉ siècle. Même la justice s'est muée, en Allemagne, en France et ailleurs, en tribunal « pour la mémoire », avec les procès tardifs menés contre d'anciens nazis et d'anciens collaborateurs.

La mémoire figure également en bonne place dans l'agenda des politiques publiques ?

L'État comme les collectivités territoriales affi-chent ouvertement, depuis le début des années

quatre-vingt, leur prétention à mener de véritables
« politiques de la mémoire », elles-mêmes parties
prenantes des nouvelles politiques culturelles. C'est
manifeste dans la frénésie des commémorations à
laquelle nous assistons depuis près de vingt ans.
C'est manifeste dans la mise en valeur des musées,
des bibliothèques et bientôt des archives; bref,
dans l'attention portée au « patrimoine », un terme
indissociable de celui de mémoire. À tel point que
la conservation tous azimuts – d'un bâtiment,
d'une usine, d'un quartier – s'est imposée comme
une évidence, touchant des domaines ou des objets
de plus en plus larges. Aujourd'hui, vouloir effa-
cer une trace quelconque du passé paraît suspect,
que l'objet de la conservation soit beau ou laid,
notable ou sans intérêt. Tout est susceptible
d'être « archivé » et de devenir ainsi un « lieu de
mémoire » potentiel. La nouveauté relative réside
dans l'aspect délibéré, obsessionnel de cette attitude
et dans son caractère étendu, laquelle s'applique
aussi bien à des objets de conservation tradition-
nels qu'à des objets de notre quotidien et de notre
environnement immédiat.

Pourquoi cette obsession du passé ?

Tout se passe comme si notre époque manquait de
confiance en elle-même, et refusait que la sélection
de ce qui doit rester ou disparaître de nos mémoires
se fasse de manière spontanée. Ce phénomène est
éclatant avec la notion de plus en plus prégnante
du « devoir de mémoire », ou comment la nécessité de connaître ou de se remémorer les tragédies
de la Seconde Guerre mondiale, au premier rang
desquelles le Génocide, s'est transformée en injonction impérieuse et permanente, partie prenante
d'un nouveau système de références morales.

Le terme de mémoire est souvent mal défini. Son usage est loin d'être clair...

L'usage actuel du mot mémoire pose de multiples problèmes. Lorsqu'on entend le terme « mémoire », il est de plus en plus malaisé de distinguer si, pour le locuteur, il s'agit de la mémoire individuelle ou de la mémoire collective, de la mémoire ou de l'histoire. En fait, la mémoire constitue la dénomination actuelle, dominante, par laquelle on désigne le passé non pas de manière objective et rationnelle, mais avec l'idée implicite qu'il faut conserver ce passé, le maintenir vivant, en lui attribuant un rôle, sans d'ailleurs préciser lequel.

Peut-on définir simplement la mémoire ? Saint Augustin explique ainsi la manière dont la conscience individuelle appréhende la mesure du temps qui passe : « L'impression que produisent en toi les choses qui passent persiste quand elles ont passé : c'est elle que je mesure, elle qui est présente, et non les choses qui l'ont produite et qui ont passé. C'est elle que je mesure quand je mesure le temps. »[1] La mémoire est donc d'abord un phénomène qui se conjugue au présent. C'est l'image classique de l'« empreinte ». La mémoire est aussi différente du passé « tel qu'il a été » que le pas est différent de la trace qu'il a laissée sur le sol. Mais c'est une trace vivante et active, portée par des sujets, des êtres doués de raison, de parole et déterminés par l'expérience. La mémoire est une représentation mentale du passé qui n'a qu'un rapport partiel avec lui. Elle peut se définir comme la *présence* ou le *présent du passé*, une présence reconstruite ou reconstituée, qui s'organise dans le psychisme des individus autour d'un écheveau complexe d'images, de mots, de sensations, et qui articule des souvenirs, des oublis, des dénis, des refoulements – et donc leur éventuel retour –, autant de termes qui n'ont pas tous la même signification et n'obéissent pas aux mêmes mécanismes.

Ce rappel sur la mémoire individuelle est nécessaire, car l'usage actuel du mot mémoire se fait spontanément par opposition à celui d'« oubli », alors que celui-ci comme le refoulement (ce sont deux choses distinctes) sont par définition constitutifs de toute mémoire. La valeur positive accordée aujourd'hui au souvenir, par contraste avec la valeur négative attribuée à l'oubli, n'a donc en soi aucun sens, même si c'est un élément de l'imaginaire contemporain qu'il faut essayer d'analyser.

L'oubli renvoie le plus souvent à l'oubli du mal, à la mauvaise conscience. Dans *Le Syndrome de Vichy*, vous vous référiez surtout à la psychanalyse.

Pour décrire l'histoire des rapports conflictuels de la France à son passé, j'ai emprunté, en effet, certains termes à la psychanalyse. Il s'agissait moins de proposer une grille théorique d'interprétation que d'organiser une narration historique et d'utiliser une métaphore. Lorsque j'ai identifié, par exemple, une période de « deuil inachevé » au lendemain de la guerre, une période de « refoulement » entre les années cinquante et les années soixante-dix pour évoquer les silences ou les tabous pesant sur certains aspects de la période de l'Occupation, puis une levée progressive de ces refoulements, qui s'est muée en véritable « obsession » des années noires – phase de laquelle nous ne sommes toujours pas sortis –, j'ai transposé sur le plan collectif des concepts qui ne peuvent, en principe, s'appliquer qu'à l'échelle individuelle. La perspective en est-elle pour autant faussée ? Je suis frappé de voir que l'analogie est opérante, et qu'elle éclaire le lien unissant le traumatisme collectif et les traumatismes individuels, nés de la déportation et de la guerre, que la clinique peut analyser[2]. Il y a bien eu, par exemple, pour beaucoup de survivants du Génocide et des tragédies de la Seconde Guerre mondiale, un deuil qui n'a pu se faire et une parole qui n'a pu être entendue au lendemain de la guerre, que ce soit de leur fait ou que ce soit du fait du reste de la société. Au contraire, depuis une vingtaine d'années, cette parole a pu trouver un lieu pour s'exprimer, et même un large espace public pour être entendue, ce qui signifie un changement radical intervenu dans la perception sociale de cette histoire, un peu comme si le « refoulement » avait été levé. La métaphore n'était donc pas sans intérêt, même s'il faut se garder de la prendre à la lettre, de tels emprunts ayant malgré tout leurs limites : personne n'a réussi à identifier, de manière scientifique, un « inconscient collectif ». En revanche, parler de la mémoire, c'est évoquer immédiatement l'inconscient, et celui-ci ressortit non pas simplement au registre de l'individuel, mais aussi à celui du social et du collectif. Nous sommes traversés, en tant qu'individus, par les mots et les images de notre passé et de notre présent comme par ceux du passé et du présent vécus par le ou les groupes auxquels nous appartenons.

Quelle différence faites-vous, à ce sujet, entre mémoire individuelle et mémoire collective ?

La mémoire collective ne peut pas se comprendre sans la mémoire individuelle. Elle recouvre la présence active du passé à l'échelle d'un groupe donné, qu'il soit caractérisé par un milieu social – la « mémoire ouvrière » –, par une appartenance religieuse – la « mémoire juive » – ou par un lien national. La mémoire individuelle comme la mémoire collective ont pour particularité de préserver une identité. Elles permettent de s'inscrire dans une durée significative, dans une lignée, dans une tradition, c'est-à-dire un système de valeurs et d'expériences pérennes auxquels le temps écoulé confère une profondeur et une épaisseur. Elles permettent d'affronter le changement, l'altérité du temps qui passe, en assurant une forme de continuité. Le proverbe dit : « On ne peut pas être et avoir été. » Depuis Hegel, nous savons au contraire qu'« être », c'est précisément « avoir été ». C'est avoir la capacité de se penser « en devenir », de se projeter dans l'avenir. Ni un individu ni un groupe ne peuvent vivre sans une certaine conscience, une certaine approche du passé qui leur permettent de se situer dans le temps et dans l'espace.

En outre, une expérience individuelle, donc une mémoire singulière peut éventuellement se transmettre à d'autres, créant ainsi un lien social et collectif. Et l'on parle, sans y prendre garde, de conserver la mémoire d'événements que l'on n'a pas vécu directement. Ce qui signifie bien qu'il existe des rapports étroits entre mémoire individuelle et mémoire collective. C'est Maurice Halbwachs qui a, parmi les premiers, mis en lumière ce phénomène, comme il est l'un des premiers à s'être intéressé à la mémoire collective, notamment dans *Les Cadres sociaux de la mémoire*, en 1925, et *La Mémoire collective*, ouvrage publié en 1950, après sa disparition dans les camps nazis. Il est d'ailleurs frappant de noter que, jusqu'à une date très récente, il n'a guère eu de disciples. C'est depuis peu que la mémoire collective est entrée à nouveau dans le champ des

« On oublie
ou l'on se
souvient de
ce que l'on a
connu ou vécu,
et pas de ce
que l'on
a ignoré.

sciences sociales et dans l'historiographie – durant mes études supérieures, au milieu des années soixante-dix, je ne me souviens pas l'avoir jamais entendu comme un concept historique à prendre en compte. Maurice Halbwachs a expliqué notamment qu'il n'y a pas de mémoire individuelle qui ne soit elle-même inscrite dans des cadres collectifs : la famille, l'école, la profession ou encore la nation. On ne se souvient pas tout seul, on se souvient toujours « avec », et d'expériences qui ont toutes, peu ou prou, une dimension sociale, partagée.

Et la « mémoire historique », qu'en faites-vous ? Tout en l'évoquant, Maurice Halbwachs pensait que l'expression n'était pas très heureuse puisqu'« elle associe deux termes qui s'opposent sur plus d'un point ».

Maurice Halbwachs, c'est exact, a distingué la « mémoire historique » de la mémoire collective. La différence est en fait celle qui distingue aussi l'histoire et la mémoire, encore que l'expression « mémoire historique » souligne bien qu'il existe un rapport entre les deux, voire une hiérarchie. La distinction est classique, même si, pour le sens commun, elle semble aujourd'hui brouillée. La mémoire s'appuie par définition sur une expérience vécue ou transmise, donc un passé qui a laissé des traces vivantes, perceptibles par les acteurs et portées par eux. L'histoire, entendue ici au sens d'une reconstruction savante du passé, s'intéresse à des individus, à des faits sociaux qui peuvent avoir totalement disparu de la mémoire collective, même s'il subsiste des traces que l'historien doit repérer et interpréter.

L'histoire des historiens est une démarche de connaissance. Elle résulte d'une volonté de savoir, elle obéit à des protocoles, des postulats, se fonde sur des procédures d'établissement de preuves, vérifiables et donc éventuellement réfutables. L'histoire reconstruit des périodes significatives et borne le temps passé en fonction de critères, rationnels ou idéologiques, qui peuvent être très différents de ceux que le contemporain a lui-même mis en avant : l'événement « mémorable », « historique » au sens familier du terme peut être très différent de l'événement tel que le conçoit l'historien de la postérité. L'histoire, savante ou vulgarisée, est en outre une narration, au sens où elle se transmet par un récit organisé, qu'il soit proche de la fiction ou de la démonstration scientifique. Ce récit possède donc une logique interne et développe un discours qui lui est propre, lesquels ne sont qu'une vision partielle du réel historique.

C'est ce qui a fait dire à Paul Veyne que l'idée d'histoire est une limite inaccessible. Ne pourrait-on pas dire la même chose de la mémoire ?

La mémoire s'inscrit dans le registre de l'identité, elle charrie de l'affect. Elle tend à reconstruire un passé idéal ou diabolisé. Elle peut compresser ou dilater le temps, et ignorer toute forme de chronologie, au moins rationnelle. Elle n'est pas une démarche de connaissance, mais elle relève de l'existentiel, voire de l'incontrôlable : peut-on maîtriser ses propres souvenirs et ses propres oublis, peut-on contrôler son inconscient, lui imposer, par exemple, un devoir de mémoire ? La mémoire a pour caractéristique de préserver une continuité et de permettre à l'individu ou au groupe d'absorber les ruptures, d'intégrer celles-ci dans une permanence. Maurice Halbwachs pense que la mémoire est un « tableau des ressemblances », elle est du côté du « même » tandis que l'histoire est un « tableau des changements ». Il rejoint ainsi Marc Bloch qui définit l'histoire comme la « science du changement »[3]. La mémoire a tendance à nous rapprocher, de manière imaginaire, du passé, puisqu'elle remet une part reconstruite, sélective de ce passé dans la conscience et dans l'action présente. La mémoire peut se révéler en outre comme un fardeau : « le poids du passé », dont il est difficile de se débarrasser en opérant simplement des choix volontaires de ce dont il faudrait se souvenir et de ce qu'il faudrait oublier[4]. L'histoire, au contraire, est supposée remettre le passé dans le présent mais pour mieux appréhender la distance qui nous en sépare, pour rendre compte de l'altérité, du changement intervenu. On peut même avancer que la seule leçon réelle que l'histoire, étude de l'Histoire, peut fournir, c'est la prise de conscience que l'homme et les sociétés peuvent changer, lentement ou rapidement, et même que le changement en tant que tel peut obéir à des modalités différentes suivant les époques. Elle est donc un apprentissage de la liberté puisque l'être historique est celui qui s'affranchit de la fatalité du temps, qu'elle soit d'origine divine ou matérialiste, pour imposer son propre cours.

Vous admettez toutefois qu'il peut exister un rapport dialectique entre mémoire et histoire ?

L'histoire et la mémoire ne sont pas deux phénomènes hétérogènes l'un à l'autre. L'exercice qui consiste à énumérer leurs différences ou à insister sur leurs conflits d'interprétation trouve vite ses limites – même s'il est essentiel de les distinguer. Pas plus que l'on ne peut séparer mémoire individuelle et mémoire collective, on ne peut séparer, de manière nette, histoire et mémoire. Et c'est encore plus éclatant pour l'« histoire du temps présent », c'est-à-dire une période où, par définition, la mémoire du passé proche est portée par la parole d'individus vivants ayant vécu directement les périodes sur lesquelles l'historien travaille.

Si la mémoire est une trace sensible et affective du passé, donc une vérité d'abord du présent ou *au* présent, et si l'histoire savante prétend restituer la vérité du passé, il n'en demeure pas moins que mémoire et histoire sont également anachroniques par définition : elles sont situées hors du temps dont elles sont supposées rendre compte. Le souvenir, individuel ou collectif, et la représentation savante de l'histoire s'expriment dans un contexte autre que celui du passé, c'est presque un truisme. Les récits qu'ils proposent s'adressent tous deux à leurs contemporains, dans un langage et un système de représentations qui sont ceux du présent, et non ceux du passé, même si peuvent exister en la matière des continuités plus ou moins fortes. La mémoire comme l'histoire sont également deux manières de jeter un pont entre le passé, le présent et donc le futur. L'intérêt que nous portons à l'histoire, indépendamment de notre faculté à nous souvenir, signifie qu'il existe bel et bien un désir de conserver un lien avec un passé lointain, y compris celui qui a pu totalement disparaître de la mémoire collective. La démarche historique elle-même est une remise en mémoire, une anamnèse.

Enfin, l'histoire savante, notamment l'écriture de l'histoire nationale, n'est pas une démarche vierge de toute fonction sociale ou identitaire. Elle charrie elle aussi de l'idéologie, donc de l'affect, même si, dans le siècle écoulé, elle a conquis le statut d'une science sociale, et n'accepte plus de se voir cantonnée à l'édification du bon citoyen. De fait, mémoire collective et mémoire historique se recoupent. Pour une part, l'histoire savante est elle-même un vecteur de mémoire, qui ressortit à un processus ayant pour finalité d'appréhender le passé et de lui donner une intelligibilité, au même titre que d'autres vecteurs de mémoire, telles la commémoration, la création littéraire et artistique, ou encore les associations d'anciens combattants, de résistants, de déportés. Ce qui ne signifie pas les confondre ni considérer que les modalités respectives et les usages possibles de ces vecteurs de mémoire soient interchangeables.

L'histoire savante, comme toute démarche visant à une *connaissance* du passé, apporte en effet une dimension particulière, et essentielle. Elle met en relief, voire découvre, des individus, des faits, des pratiques, des tendances lourdes que le contemporain n'a peut-être jamais perçu ni compris, et que seul le regard rétrospectif et la postérité peuvent saisir. Confondre histoire et mémoire, c'est méconnaître cette évidence : on oublie ou l'on se souvient de ce que l'on a connu ou vécu, et pas de ce que l'on a ignoré.

Que signifie à cet égard faire l'histoire de la mémoire ?

Toutes les sociétés ne se souviennent pas de la même manière et toutes n'ont pas le même type de rapport au passé. L'histoire savante comme la mémoire évoluent de surcroît avec le temps. Leurs énoncés – les représentations ou interprétations respectives qu'elles proposent – comme leurs modalités – la manière de se souvenir ou d'écrire l'histoire – changent. La mémoire collective comme l'histoire savante sont donc elles-mêmes tributaires d'une *histoire*, aussi paradoxal que cela puisse paraître. Un même événement ou une même période n'aura pas la même signification une décennie, un siècle ou un millénaire plus tard. L'idée était couramment admise en ce qui concerne la discipline historique, et tout historien s'intéresse, de près ou de loin, à l'historiographie, c'est-à-dire l'histoire de l'histoire érudite, l'évolution de sa propre pratique et des énoncés successifs qu'elle a produit, sur telle ou telle période ou de manière globale. La même démarche pouvait s'appliquer à l'ensemble des représentations sociales du passé, et donc à la mémoire collective, ce que font d'ailleurs depuis longtemps les ethnologues ou les anthropologues.

Cette tendance, inscrite dans la lignée des analyses de Maurice Halbwachs est d'ailleurs contemporaine de l'émergence même de la notion de mémoire dans le champ social et culturel, et elle s'est voulue une opportunité pour comprendre comment fonctionne la mémoire collective aujourd'hui et dans le passé. C'était aussi une manière privilégiée de faire de l'histoire du temps présent puisque la mémoire était une préoccupation contemporaine. Il n'est donc pas étonnant que le renouvellement de l'histoire du temps présent et l'émergence d'une histoire de la mémoire aient été deux phénomènes intimement liés et tous les deux symptomatiques du « temps de la mémoire » dont nous parlons, même s'il faut ajouter que ni l'un ni l'autre ne sont à proprement parler des inventions épistémologiques récentes. Ils ont signifié un désir d'introduire de la distance non plus simplement par rapport au passé lui-même, comme toute démarche historique, mais également par rapport aux modalités par lesquelles les sociétés contemporaines appréhendent le passé, proche ou lointain.

Dans *Les Lieux de mémoire*, par exemple, Pierre Nora et ses collaborateurs ont offert un regard inédit et très neuf sur la nature du fait commémoratif en

France, observé sur la longue durée. Ce faisant, dès
l'origine du projet, au début des années quatre-
vingt, ses concepteurs avaient eu l'intuition que
nous étions entrés dans l'« ère de la commémoration », titre de la conclusion du maître d'œuvre,
dans le dernier volume de la série, paru en 1992.
Entreprendre l'histoire de ce processus, c'était donc,
outre développer une innovation scientifique, prétendre jeter un regard critique sur le présent et sur
le poids grandissant, envahissant, de la notion de
mémoire dans notre société. Or, si l'on en croit
Pierre Nora lui-même, les résultats, ou plutôt les
effets sociaux d'une telle entreprise n'ont pas été ceux
qui furent escomptés au départ. La notion de « lieu
de mémoire » s'est vue récupérée par la frénésie
commémorative. « Étrange destinée de ces lieux de
mémoire : ils se sont voulus, par leur démarche,
leur méthode et leur titre même, une histoire de
type contre-commémoratif, mais la commémora-
tion les a rattrapés. » Et il ajoute : « L'outil forgé pour
la mise en lumière de la distance critique est devenu
l'instrument par excellence de la commémoration. »[5]

**N'avez-vous pas été récupéré à votre manière ? Pourquoi avez-
vous éprouvé le besoin de vous justifier en écrivant, après *Le
Syndrome de Vichy* (1987), *Vichy, un passé qui ne passe pas* ?**
C'était moins le désir d'une justification qui m'a
motivé que la volonté de remettre les choses à leur
place. À une échelle beaucoup plus modeste, j'ai
vécu un phénomène analogue à celui que décrit
Pierre Nora, une proximité de situations qu'il a lui-
même pointée[6]. Lorsque j'ai écrit *Le Syndrome
de Vichy*, je n'imaginais pas que cet ouvrage puisse
être instrumentalisé par l'idéologie croissante du
devoir de mémoire, dans laquelle je baignais
d'ailleurs comme une bonne partie de ma généra-

« Le trop-plein
de passé
me paraît
à la réflexion
une chose
au moins aussi
préoccupante
que le déni
du passé.

tion. Ce livre prétendait au contraire jeter un regard historique, donc critique, sur l'évolution de la mémoire de Vichy, en France, de 1944 à la fin des années quatre-vingt, moment où il a été publié. Je n'y mettais pas simplement en lumière les oublis, les tabous ou les ignorances de l'après-guerre et des années soixante, mais j'essayais de pointer, dès ce moment-là, le caractère obsessionnel de cette mémoire de Vichy observé à la fin des années quatre-vingt. Je pense que cet aspect du livre a été peu lu, sinon purement et simplement occulté, au profit de la mise en exergue du refoulement ou des oublis antérieurs parce que cette lecture partielle et partiale servait la cause montante du devoir de mémoire. C'est le motif qui m'a poussé à publier, en 1994, avec Éric Conan, *Vichy, un passé qui ne passe pas*, qui prolongeait ma réflexion sur la mémoire de la guerre, mais formulait une critique plus appuyée sur le devoir de mémoire. Éric Conan, qui avait lui aussi, d'une certaine manière, accompagné le devoir de mémoire par ses enquêtes et ses écrits de journaliste, et moi-même avons eu le sentiment, malgré les critiques parfois vives qui nous ont été adressées – c'était bien avant les effets délétères du procès Papon... –, de rester fidèles à une certaine position intellectuelle. En ce qui me concerne, j'ai tenté dans ce livre une analyse aussi distanciée que possible de cette rémanence obsessionnelle du passé, avec cette différence que celle-ci était désormais évidente aux yeux de tous, ce qui n'était pas le cas lorsque j'ai publié l'ouvrage précédent. De même que j'avais tenté, dans *Le Syndrome de Vichy*, de pointer les problèmes qu'avaient entraînés les décalages entre les événements réels et leur interprétation, en particulier durant la phase de « refoulement », dans les années cinquante et soixante, de même nous avons pointé dans *Vichy, un passé qui ne passe pas*, les contradictions et les dérives du devoir de mémoire dans le début des années quatre-vingt dix, qui avaient atteint un paroxysme, dépassé depuis par l'agitation faite autour du procès Papon, en 1997-1998. En d'autres termes, ce n'est ni le journaliste ni l'historien qui avaient changé d'avis, mais c'est bien le phénomène lui-même qui avait changé et avait pris de l'ampleur, développant de nouvelles ignorances, une nouvelle langue de bois, de nouveaux tabous, presque aussi forts que ceux que la France avaient connus quarante ans auparavant, mais dans le sens contraire.

En quoi cette valorisation de la mémoire est-elle un problème ?

Que nos sociétés soient attentives à conserver le passé, à en exhumer les aspects les plus difficiles n'est pas en soi un problème, au contraire. Ce qui fait problème, ce sont les modalités par lesquelles la mémoire s'exprime aujourd'hui dans le champ social et, plus encore, les objectifs que poursuivent celles et ceux qui ont fait de la mémoire une valeur, parfois même une sorte de religion laïque. « Il y a un degré d'insomnie, de rumination, de sens historique, au-delà duquel l'être vivant se trouve ébranlé et finalement détruit, qu'il s'agisse d'un individu, d'un peuple ou d'une civilisation », écrivait Nietzsche[7]. Le trop-plein de passé, qui est tout autant un effet qu'une cause de l'idéologie de la mémoire, me paraît à la réflexion une chose au moins aussi préoccupante que le déni du passé. Les deux sont d'ailleurs les symptômes inversés d'une même difficulté à assumer celui-ci, donc à affronter le présent et à imaginer l'avenir. On peut avancer plusieurs raisons pour expliquer ce phénomène, et je parle ici plus avec des intuitions qu'avec la possibilité d'offrir une interprétation charpentée.

Si la hantise du passé se manifeste sur le mode de la mémoire, et non pas simplement par un intérêt accru pour l'histoire des historiens ou pour la tradition au sens classique, c'est sans doute à cause de la redéfinition des contours de l'espace public. On le voit notamment avec la question des minorités, qu'elles soient sexuelles – au premier rang desquelles l'émergence des femmes comme catégorie singulière –, religieuses ou ethniques, qu'elles soient régionales ou locales. C'est ainsi que de nouveaux groupes ou de nouvelles entités, qu'ils soient réels ou le fruit d'un nouveau système de représentations sociales, et dont les frontières sont plus ou moins aisées à définir, revendiquent depuis plusieurs années, et sur un mode inédit, une place dans l'espace public dont ils estiment, à tort ou à raison, avoir été écartés. Cet investissement de la scène publique par les exclus de l'Histoire se manifeste presque toujours non seulement par une action politique, mais également, ce qui va de pair, par une réappropriation d'un passé, d'une histoire spécifique, pensée comme singulière et distincte de l'histoire générale, par exemple de l'histoire nationale. Dès lors, c'est plus la mémoire, c'est-à-dire la tradition vivante, par exemple la tradition orale, qui est sollicitée que l'histoire au sens classique du terme puisque, précisément, celle-ci aurait ou a effectivement occulté la part spécifique de certains acteurs. La plupart du temps, cette identité retrouvée ou qui se cherche doit fonder son action par un enracinement, plus ou moins justifié, plus ou moins réinventé, dans un passé, une durée qui lui offrent ainsi une légitimité. Celle-ci est nécessaire aux acteurs qui revendiquent cette identité, à leurs propres yeux comme à ceux des autres. D'où la tendance de certains groupes à vouloir écrire eux-mêmes leur histoire, hors des circuits habituels, officiels, de l'Université, même si ces revendications y ont souvent trouvé un écho favorable. L'émergence de la notion de mémoire dans le champ des sciences sociales et même la montée en puissance de l'histoire du temps présent sont en partie la conséquence de ce phénomène.

On ne peut pas ne pas tenir compte de la fin de l'héritage issu tout à la fois du gaullisme et du communisme. Pierre Nora parle dans *Les Lieux de mémoire* de la France à la carte. Le passé, depuis 1968, est devenu un objet de convoitise pour les groupes, les collectivités locales, les régions. La France girondine a pris le pas sur la France jacobine...

Peut-être, mais voyez comme vous utilisez spontanément vous-même des catégories historiques traditionnelles qui sont certes justifiées mais peuvent aussi être discutées compte tenu du contexte dans lequel nous vivons : les Girondins n'avaient pas imaginé que ce pourrait être un jour l'Europe ou la mondialisation, et ils portaient leur regard tout autant vers le passé que vers l'avenir, dans le feu d'un moment révolutionnaire où ce dernier ouvrait une infinité de possibles, y compris les pires. Mais on ne peut échapper – serait-ce même souhaitable ? – à la métaphore ou à l'analogie historiques précisément parce que le passé continue de vivre en nous, fût-ce par des catégories de l'imaginaire. De même, et sans être un matérialiste convaincu, je crois que le déclin d'un héritage politique est moins la cause que la conséquence de changements sociaux, économiques, internationaux qui le dépassent et qu'il n'arrive plus à retraduire en termes de projet.

À cet égard, vous avez raison. L'éclatement du passé national en de multiples traditions inventées ou redécouvertes n'est que le pendant de la crise du modèle dit républicain. Encore que la France est loin d'être le seul pays où ce phénomène se développe. Le phénomène lui-même mérite d'ailleurs d'être analysé de près, par référence à l'histoire concrète dudit modèle et non à son expression idéalisée : aucun modèle politique n'existe hors des contraintes du réel. Les lamentations actuelles sur le déclin républicain entrent dans la même logique nostalgique que l'appel au passé formulé par des groupes ou se trouvant dans des idées se réclamant du multiculturalisme et de la différence.

À cette réserve près, je pense toutefois que l'approche du passé en termes de mémoire et non plus en termes d'histoire a pu d'autant mieux se développer que les grandes traditions politiques, syndicales et nationales ont perdu de leur attrait et de leur prégnance, du moins en apparence. Ce qui entraîne d'étranges inversions au regard de ce qui se passait autrefois. La mémoire du Génocide est sortie du cercle restreint des communautés juives, dans lesquelles elle fut longtemps cantonnée, pour investir l'espace public mais non sans contradictions puisque l'expression de cette mémoire hésite entre une volonté de voir le souvenir pris en compte par la collectivité, nationale et internationale, et une tendance à le maintenir dans le giron communautaire, comme un ciment identitaire à vocation interne.

N'est-ce pas la rançon de la démocratisation de la culture ? N'est-ce pas la conséquence de « l'effet Spielberg », qui est venu entacher jusqu'à la mémoire du Génocide ?

Sans doute, même si je suis moins sévère que vous sur Steven Spielberg. Après tout, on peut s'interroger sur le fait de savoir si des séries télévisées ou des films critiquables, peut-être même détestables comme *Holocauste* (1978) ou *La Liste de Schindler* (1993), n'ont pas eu, de fait, un impact bien plus grand sur l'opinion que les procès comme celui de Paul Touvier ou de Maurice Papon. Les uns comme les autres ne peuvent d'ailleurs prétendre rivaliser avec l'œuvre exceptionnelle de Claude Lanzmann, *Shoah*, qui se situe dans un registre tout autre, aussi singulier que l'événement dont elle nous parle, et dont l'influence se mesure sur le long terme. Le problème tient en réalité à l'effacement des hiérarchies ou des différences qui existaient entre les diverses formes de représentations du passé, entre les différents vecteurs de mémoire, mentionnés précédemment. On sent très nettement aujourd'hui que, pour le sens commun, un film, un ouvrage d'histoire, une émission de télévision ou un article de journal peuvent avoir la même portée pédagogique, et qu'ils peuvent parler avec une capacité équivalente du passé. Pour l'histoire contemporaine, cette forme de concurrence est particulièrement vive, dans la mesure où certains sujets sont devenus la proie de véritables marchés éditoriaux, cinématographiques, audiovisuels, etc. Le passé, décliné sur le mode de la mémoire, a une valeur. Dans notre société, il recèle donc une valeur marchande.

On peut le déplorer ou s'en féliciter. Mais cette absence de hiérarchie génère un sentiment de confusion et de perte de repères, et les responsabilités sont très partagées. Certains historiens peuvent s'exprimer comme scientifiques et comme militants de la mémoire, en croyant que leur légitimité est égale d'un registre à l'autre. Des militants peuvent prétendre rivaliser avec des historiens par le simple fait d'avoir ouvert quelques cartons d'archives. Des journalistes ou des documentaristes pourront se ruer sur un sujet d'histoire, en prétendant que « rien n'a jamais été fait sur la question », en ignorant l'étendue de leur ignorance et en profitant du fait que leur audience sera de toute manière incomparablement plus grande que celle des universitaires. Certains historiens (dont je ne m'exclus pas) n'échappent pas non plus à l'illusion qu'ils peuvent s'exprimer avec la même légitimité dans un amphithéâtre universitaire, sur un plateau de télévision ou dans une enceinte de justice. Enfin, des acteurs de l'histoire récente pourront confondre la nécessité de témoigner, la possibilité (parfois réelle) de se muer en historiens et la tentation de ciseler de leur vivant leur propre légende. La confusion vient d'ailleurs tout autant de l'offre que de la demande, des postures adoptées aujourd'hui par ceux qui prétendent parler du passé avec une certaine autorité que des attentes de ceux qui les lisent ou les écoutent.

Cette absence de distinction opérée entre les différents niveaux de discours est particulièrement nette à la télévision : images du présent, images du passé immédiat, images d'un passé plus lointain, toutes sont déversées avec la même intensité, le même rythme, le même montage, celui d'une mise en scène de l'urgence. La télévision, du moins telle qu'elle est conçue par les grandes chaînes, aplatit ainsi ou supprime l'étrangeté du passé, donnant l'illusion que le passé est vivant par le simple fait de projeter des images animées venues d'une autre époque.

L'histoire n'arrive plus à se dépasser... Elle implose dans l'actualité, aime à dire Jean Baudrillard.

Je ne sais pas si elle implose, mais elle change de statut puisque le temps dans son ensemble est perçu autrement. Nous vivons à l'ère de la vitesse, de l'instantané, de l'immédiat. La valeur d'une information se mesure non plus en termes de fiabilité, mais en termes de rapidité, voire d'anticipation : on veut connaître la teneur d'une décision publique avant toute délibération ou le résultat d'un conflit avant même qu'il n'éclate. La notion même de durée paraît de plus en plus insupportable. Par contrecoup, le passé semble s'échapper, d'où ce désir de lui redonner en permanence une actualité, de le remettre dans le présent, plutôt que de l'observer de notre place à sa place. On comprend alors pourquoi la mémoire semble receler une valeur plus forte que l'histoire. Cette dernière, en effet, est une mise à distance, une tentative destinée à recréer et à faire comprendre l'épaisseur du temps écoulé, la complexité des faits passés. La mémoire, on l'a vu, est au contraire une mise au présent, une relation sensible et affective au passé, qui ignore les hiérarchies du temps puisque, précisément, elle abolit la distance.

D'une certaine manière, la valorisation actuelle de la mémoire, du moins de certains actes et discours qui prétendent parler en son nom aboutissent au résultat inverse de celui qui est recherché. Cette valorisation empêche un réel apprentissage du passé, de la durée, du temps écoulé, et elle pèse sur notre capacité à envisager l'avenir. Nous vivons à l'ère de l'imaginaire dans laquelle le symbolique, c'est-à-dire ici une perception de soi et de la collectivité située dans un univers borné par le temps et par l'espace, a perdu de sa valeur structurante.

Dans un article récent, Zaki Laïdi a écrit : « Paul Ricœur a pu dire que les utopies les plus fortes étaient celles qui parvenaient à trouver de l'inaccompli dans les traditions d'une société et que cet

inaccompli constituait une réserve de sens. Or, en commémorant le passé, on s'éloigne de cette démarche dans la mesure où l'on identifie ce passé à un " âge d'or " accompli auquel on veut revenir et qu'on ne veut pas actualiser. De surcroît, dès que l'on touche aux problèmes économiques et sociaux, on se rend bien compte que les solutions du passé sont inopérantes, comme l'illustre le débat social sur la mondialisation. Symétriquement, l'avenir apparaît trop peu prometteur pour entraîner un investissement temporel tourné vers l'avenir. Nous nous trouverions donc dans une situation temporelle coupée de son passé mais incapable de se rattacher à un avenir. Pierre Nora notait récemment qu'il fallait remonter au Bas-Empire pour trouver une situation comparable. » Partagez-vous ce sentiment ?

Oui, à une réserve près. Je souscris à l'idée que nos sociétés semblent incapables de retrouver une certaine représentation de la continuité historique. Elles vivent une crise du futur, c'est-à-dire une difficulté à penser le futur en termes rassurants, voire à le penser tout court. Sans tomber dans la vulgate postmoderne, on constate sans peine que la rétrospective est plus valorisée que la prospective. Mais ce regard rétrospectif porte plus volontiers sur le passé proche, source d'interrogations angoissées, que sur le passé lointain et révolu. Lorsque ce dernier refait surface, il est plus un objet de divertissement, de curiosité folklorique, qu'une source d'inspiration : que l'on pense aux palinodies autour du millénaire du sacre de Clovis, en 1997. D'où l'hypothèse que la perspective du temps – le temps pris ici au sens du devenir historique – s'est singulièrement rétrécie. Le regard est de faible portée devant (vers un avenir de plus en plus incertain) comme il est de faible portée derrière (vers un passé encore très proche).

Mais on trouve une réserve de taille. Certes, il existe de manière traditionnelle une nostalgie du passé, celle d'un âge d'or révolu dont les feux lointains brilleraient encore à nos yeux, par contraste avec le spectacle actuel de notre « décadence » : c'est le cas, à mon avis, lorsqu'on invoque le « modèle laïc et républicain » sur le mode d'une catéchèse. Mais on constate surtout le fait que le passé qui nous hante est non pas celui d'un âge d'or mais celui d'un âge de fer, de feu et de sang. À cet égard, la mémoire d'Auschwitz a sans conteste été la cause première de l'avènement du temps de la mémoire.

« Penser Auschwitz, c'est essayer de comprendre, en dépit de l'arrogance et des apories de la raison, en dehors des commémorations officielles et au-delà des interdits dogmatiques ; essayer de comprendre pour " moraliser l'histoire ", pour ne pas oublier les vaincus, pour finalement apprendre, selon l'expression d'Ernst Bloch, " la marche debout de l'humanité " », écrit Enzo Traverso dans *L'Histoire déchirée*. Ne peut-on comprendre Auschwitz ?

Je ne sais pas – qui peut au demeurant répondre à cette question ? –, mais je suis convaincu comme Enzo Traverso qu'il faut essayer. La difficulté est grande à plus d'un titre pour comprendre autant l'histoire que la mémoire de cet événement. À sa singularité historique proprement dite a succédé une singularité mémorielle. Le fardeau actuel, voire le ressassement de ce passé, sur tous les modes possibles, est à la mesure des silences, de l'incompréhension, voire du déni qui ont suivi la découverte des crimes nazis. La mémoire inconsolable est à la mesure du traumatisme vécu ou infligé. Combien de générations faudra-t-il pour tourner la page et assigner cet événement à une place « acceptable » dans l'Histoire, sans qu'il continue de suinter dans notre conscience ? Autre question sans réponse.

À cet égard, il n'est pas indifférent de rappeler que la mémoire comme approche du passé appartient pleinement, et de manière spécifique, à la tradition juive. Yosef Yerushalmi l'a expliqué avec une acuité inégalée, en montrant comment l'histoire, l'écriture savante et distanciée du passé, n'a jamais joué un rôle prééminent dans la culture et dans la transmission de l'héritage juif d'une génération à l'autre. Elle a toujours été seconde derrière la mémoire collective, au sens que lui attribue Maurice Halbwachs, dont Yosef Yerushalmi a été l'un des premiers, il y a une quinzaine d'années, à redécouvrir l'importance. Même la « Shoah » et la création de l'État d'Israël n'ont pas modifié en profondeur cette tradition, les dilemmes entre mémoire et histoire qui se présentent au sein des communautés juives étant cependant plus aigus que par le passé[8]. On peut donc penser – c'est tout autant un constat qu'un jugement moral – que c'est un juste retour des choses, presque une revanche prise sur l'Histoire, que cette tradition juive exerce aujourd'hui, de par la valorisation universelle de la mémoire, et de la mémoire d'Auschwitz, une forte influence dans un monde d'où elle a failli être totalement éradiquée.

Pourtant vous êtes critique sur ce juste retour des choses...
Oui, parce qu'une telle acculturation, aussi justifiée soit-elle sur le plan moral, a ses limites. Le souvenir du Génocide, non pas en tant que tel, mais de la manière dont il est entretenu et conçu aujourd'hui, ne peut pas devenir une nouvelle forme de religiosité sans risques majeurs. Je mentionnerai d'abord, pour l'écarter, le risque d'une réaction antisémite : il est sans grande portée puisque tout comportement attribué aux juifs, réel ou fantasmé,

est une source inépuisable d'antisémitisme. En revanche, il en est un autre, plus sérieux à mon sens, qui est d'affirmer en permanence que cet événement est singulier – au regard du passé car, au regard de l'avenir, personne ne peut le dire – et de faire de cette singularité un dogme conduisant à nier toute possibilité de comparer le Génocide à d'autres massacres de masse de ce siècle, et donc à lui retirer sa force d'exemplarité. Il en est encore un autre qui est de voir les juifs assimilés dans l'imaginaire à la seule figure de la victime, surtout si cette « religion » est pratiquée non par les survivants directs de la tragédie, qui ont toute légitimité à en défendre le souvenir, mais par leurs descendants, pour qui cette mémoire, lorsqu'elle est entretenue avec ferveur, ressortit plus à une quête d'identité qu'à une inscription du Génocide dans un devenir historique.

Je le dis en toute conscience : on ne peut éternellement fonder une identité juive sur la souffrance subie par les aînés, bientôt les ancêtres. Il faut, à un moment ou un autre, lui redonner un projet, un avenir, un contenu actif. Après tout, l'État d'Israël s'est construit en grande partie contre cette image du juif victime. Et contrairement à une idée reçue, le jeune État des juifs n'a connu que plus tard, avec le procès Eichmann, en 1961, un retour de la mémoire et une prise de conscience de ce qu'avait été la tragédie. Et ce n'est que plus tard encore, dans les années soixante-dix, période de crises aiguës pour Israël, que la mémoire du Génocide s'est installée dans le débat public, devenant, à l'instar de ce qui s'est déroulé dans d'autres pays, un élément actif de l'imaginaire politique – c'est ce que tente de mettre en évidence tout un courant actuel de l'historiographie israélienne[9]. L'État hébreu ne s'est donc pas fondé sur la victimisation. Il s'est appuyé au contraire sur un projet, sans doute contestable et largement dépassé aujourd'hui. Et un projet qui reposait pour une part sur l'oubli, comme la plupart des communautés juives de la Diaspora. Car on méconnaît le fait que le devoir de mémoire, celui des survivants, était une attitude qui, à tort ou à raison, n'était pas partagée de manière égale, loin de là, par tous les juifs au lendemain de la guerre. En France, notamment, le désir de réintégrer la communauté nationale, parfois de manière contrainte et forcée, a été un sentiment largement répandu sinon dominant.

Je ne prétends pas ici qu'il faille revenir à cet état de fait, ce qui n'aurait aucun sens. En revanche, je crois nécessaire d'inventer une manière d'affirmer et d'intégrer une judéité qui soit inscrite dans les enjeux de notre époque et qui ne se fonde pas uniquement sur le souvenir du Génocide. Et cela concerne aussi bien les juifs que les autres.

Quelles sont pour vous les conséquences plus générales de cette singularité de la mémoire de la Shoah ?

La gestion difficile, pour ne pas dire impossible, de ce passé, a eu des conséquences sur la perception même du temps historique et sur la manière de concevoir l'histoire, c'est désormais une évidence. Contrairement aux analyses de Maurice Halbwachs qui pensait alors, dans les années trente, à l'histoire longue de l'humanité sans pouvoir imaginer quel serait son sort dans un avenir proche, la mémoire n'a pas pu remplir ici son rôle traditionnel, c'est-à-dire préserver l'identité et la continuité des individus et des groupes. La rupture provoquée par cet événement sans précédent a été et reste probablement insurmontable. La mémoire collective peut tout au plus libérer une parole, l'organiser, la faire circuler, et donc faire en sorte que la souffrance et les responsabilités soient un peu plus partagées : c'est le seul intérêt, à mon sens, des procès pour crimes contre l'humanité, à la condition toutefois de ne pas considérer que les prétoires seraient les seuls lieux d'expression où ces paroles peuvent être écoutées. Mais la mémoire collective ne peut aller au-delà, du moins si l'on en juge par ce qui s'est passé depuis une trentaine d'années, depuis que le souvenir du Génocide s'est réveillé.

Cela étant, il n'est pas souhaitable, surtout pour un historien, de s'en tenir à ce constat d'impossibilité. Affirmer de manière répétée et mécanique que l'événement appartient à l'ordre de l'indicible, c'est précisément se retrouver dans le registre de la foi ou, pire encore, c'est présenter un alibi incons- cient pour, précisément, ne pas entendre. Il est vain de prétendre, en ignorant tout ce qui a été dit, écrit, tourné depuis cinquante ans, que toute approche rationnelle, historique, critique de cet événement serait vouée à l'échec, voire criminelle, car elle banaliserait l'événement. Le Génocide a été commis par des humains, il peut être expliqué par des humains, même si toute explication restera sans doute en deçà de la réalité : qui peut d'ailleurs prétendre détenir, excepté peut-être les survivants, un étalon de mesure ? L'histoire a précisément le devoir d'essayer d'expliquer, quelles que soient les apories d'une telle démarche.

Et le devoir de mémoire, que devient-il ?

De la mémoire comme nécessité éthique au devoir de mémoire tel qu'il est pratiqué à l'heure actuelle, il y a une marge, un gouffre même. À l'origine, l'in- jonction du « devoir de mémoire », née de la plume de Primo Levi et d'autres, était inscrite dans la continuité même de l'événement. Elle était un appel aux survivants à *témoigner*, c'est-à-dire non pas simplement à transmettre autant que faire se pouvait leur expérience, mais à lutter contre la peur de n'être pas entendu, et plus encore à résister à leur propre tentation de l'oubli, qui est à l'œuvre dans la mémoire lorsque l'individu tente de retrouver le fil d'une continuité aussi radicalement barrée. Décrivant sa rencontre avec des officiers alliés, le 12 avril 1945, au lendemain de la libération du camp de Buchenwald, Jorge Semprun écrit : « On peut tout dire de cette expérience. Il suffit d'y penser. Et de s'y mettre. D'avoir le temps, sans doute, et le courage, d'un récit illimité, probablement interminable, illuminé – clôturé aussi, bien entendu – par cette possibilité de poursuivre à l'infini. Quitte à tomber dans la répétition et le ressassement. Quitte à ne pas s'en sortir, à prolonger la mort, le cas échéant à la faire revivre sans cesse dans les plis et les replis du récit, à n'être plus que le langage de cette mort, à vivre à ses dépens, mortellement. Mais peut-on tout entendre, tout imaginer ? Le pourra-t-on ? En auront-ils la patience, la passion, la compassion, la rigueur nécessaires ? Le doute me vient, dès ce premier instant, dès cette première rencontre avec des hommes d'avant, du dehors – venus de la vie –, à voir le regard épouvanté, presque hostile, méfiant du moins, des trois officiers. »[10]

Injonction, à l'origine, qu'un survivant pouvait s'adresser *à lui-même*, afin de ne pas oublier, de ne pas *s'oublier*, le devoir de mémoire s'est mué aujourd'hui en une injonction que des jeunes générations n'ayant pas vécu directement l'événement adressent de manière péremptoire à leurs contemporains, parfois en oubliant que, parmi eux, certains ont bel et bien vécu la tragédie, même si c'était dans d'autres conditions que les persécutés. J'ai le souvenir d'une de ces innombrables émissions de télévision consacrées au devoir de mémoire où une adolescente, fraîchement émoulue du lycée, expliquait avec force conviction qu'elle allait « transmettre le souvenir d'Auschwitz » aux enfants qu'elle aurait un jour…

Lorsque le devoir de mémoire se traduit par des entreprises comme celles de Serge Klarsfeld et son *Mémorial de la déportation des juifs de France* ou encore son *Mémorial des enfants*, il reste pleinement dans son registre, celui du souvenir entretenu des morts, qui leur redonne une identité et leur offre une sépulture symbolique, matérialisée par le nom, essentiel dans une tradition juive ancestrale. Lorsque le devoir de mémoire se transforme en morale de substitution, et prétend ériger en dogme la conscience permanente, imprescriptible et universelle du crime commis, il se retrouve dans une impasse. On ne peut pas obliger toute une société à rester éternellement les yeux rivés sur le passé, fût-il tragique, et lui imputer sans précaution ni discrimination la responsabilité pleine et entière des crimes commis. C'est encore plus évident lorsque les moyens utilisés pour entretenir le devoir de mémoire n'ont plus grand-chose à voir avec la morale, mais relèvent de l'agit-prop, de la provocation ou du mépris souverain d'une justice que l'on a par ailleurs sollicitée et réclamée à grands cris : on peut respecter sans réserve l'œuvre de Serge Klarsfeld, comme historien et comme militant de la mémoire au sens le plus noble du terme ; avait-il pour autant le droit de se croire au-dessus des lois et de la morale commune, comme lui et son fils Arno ont pu en donner le sentiment durant le procès Papon ?

Morale et histoire sont-elles à ce point incompatibles ?

La morale, ou plutôt le moralisme, ne fait guère bon ménage avec la vérité historique. Pour conserver sa force d'édification, il va finir par tricher avec les faits et sombrer dans un récit déconnecté du réel. Il suffit de lire certains quotidiens réputés sérieux qui ont fait du devoir de mémoire une rubrique permanente ou un leitmotiv éditorial : ils publient en première page et de manière répétée des approximations, des inexactitudes, parfois des invraisemblances historiques, non sans arrogance et avec la prétention de ceux qui s'arrogent le droit de délivrer des leçons de morale et de civisme. Les historiens ne sont d'ailleurs pas à l'abri de telles dérives. L'inquiétant ici réside moins dans la légèreté des informations ou dans l'absence de vérification – un travers largement partagé aujourd'hui – que dans le fait qu'elles sont la conséquence d'une vigilance érigée en idéologie qui ne craint pas de tomber parfois dans la désinformation historique pour maintenir les esprits mobilisés. Cette attitude contribue à la longue à saper l'objectif affiché et à faire du devoir de mémoire un combat sectaire, contraire au devoir de vérité impératif que Primo Levi assignait en priorité au devoir de mémoire, le vrai.

Que faites-vous du problème de la réparation ?

C'est là le problème de fond. Lorsque, au nom du devoir de mémoire, on prétend réparer cinquante ans après, dans un autre contexte, ce qui n'a pu l'être après la guerre ou lorsqu'on instaure un concept juridique tel que l'imprescriptibilité, on soulève un paradoxe difficilement surmontable dès lors que l'on affirme par ailleurs que les crimes commis durant le Génocide sont irréparables.

Demander une réparation morale, symbolique, matérielle ou juridique alors que l'on n'est plus dans le feu de l'événement signifie implicitement que la dette a toujours un *coût*, lequel une fois acquitté peut permettre d'invoquer l'oubli, le pardon, ou simplement la possibilité de tourner la page. Or cette possibilité semble tout autant refusée, et elle est probablement impossible. On réclame une réparation, de manière légitime, tout en proclamant d'un même mouvement que le crime est irréparable. Dès lors qu'il refuse de choisir entre les deux, le devoir de mémoire s'enferme dans un dilemme insoluble. De notion juridique, ayant un sens précis – la possibilité de poursuivre ou de traduire devant un tribunal un criminel présumé tant qu'il est vivant –, l'imprescriptibilité s'est transformée en notion morale, applicable à un temps et à un espace que plus rien ne borne de manière claire. Elle a conduit de ce fait à créer une dette inépuisable – « une dette imprescriptible », a dit Jacques Chirac, dans son discours du 16 juillet 1995 –, tout en donnant le sentiment qu'elle pouvait être réglée. D'où les surenchères permanentes, nécessaires pour entretenir le processus qui semble comme livré à lui-même : après le procès de Paul Touvier, celui de Maurice Papon, voire, pourquoi pas, de tel autre ancien sous-préfet de Vichy encore vivant, comme certains l'ont réclamé avant même le verdict de Bordeaux ; après l'instauration de la commémoration du 16 juillet – une première dans l'histoire de France, car elle célèbre le souvenir d'un crime d'État, celui de la rafle du Vél' d'Hiv' –, le discours solennel de Jacques Chirac sur la responsabilité de Vichy et de la France ; après le geste et la parole présidentiels tant attendus, la demande de réparation sur les biens « juifs » spoliés, et ainsi de suite.

Cette demande est peut-être impossible à combler, mais elle est légitime...

Ce sont deux choses distinctes. Le processus que je décris là me semble vain et même risqué, car il ne cesse de donner à la mémoire juive un statut de plus en plus à part dans la mémoire nationale : l'illustration la plus éclatante en a été donnée lorsque le président de la République a décidé de verser au Centre de documentation juive contemporaine, organisme privé, les divers fichiers établis par Vichy pour recenser et surveiller la population juive, une affaire qui avait donné lieu à une vaste polémique. Le paradoxe atteignait là son comble : le devoir de mémoire n'avait cessé de proclamer, à juste titre, que l'histoire de Vichy, de ses crimes et de ses méfaits, devait retrouver toute sa place dans l'histoire et la mémoire nationales, et voilà qu'il conduit d'une certaine manière à privatiser un pan entier de cette mémoire, comme si le souvenir de ce crime ne concernait que la communauté juive et non pas la communauté nationale tout entière.

En définitive, il me paraît préférable de réfléchir à des modalités, à des rituels, à des formes de transmission du passé qui nous permettent de vivre *avec* le souvenir de la tragédie plutôt que d'essayer de vivre *sans* lui, comme après la guerre, ou *contre* lui, comme aujourd'hui. Et là, l'histoire peut jouer son rôle de mise à distance, en essayant d'être moins tributaire des enjeux politiques, communautaires et identitaires qui se cachent derrière le devoir de mémoire. À un moment ou à un autre, le temps de la mémoire laissera la place au temps de l'histoire, et il faudra bien alors concevoir d'une manière différente l'entretien du souvenir.

Pour
une histoire
du temps
présent

Avant d'aborder la question de la naissance de l'histoire du temps présent, de ses conditions d'émergence et de l'IHTP (Institut d'histoire du temps présent) dont vous êtes le directeur, j'aimerais parler avec vous du problème de la périodisation en histoire. C'est Victor Duruy le premier, historien et ministre de l'Éducation sous Napoléon III, qui a introduit l'histoire contemporaine dans l'enseignement secondaire. Quelle différence y a-t-il entre celle-ci et l'histoire du temps présent, terme qui figure dans le libellé de l'institut que vous dirigez ?

L'histoire contemporaine, dans une tradition française qui remonte au XIXe siècle, démarre avec la Révolution française. L'histoire du temps présent concerne le passé proche, celui pour lequel existent encore des acteurs vivants. Avant d'expliquer ce qu'est cette dernière, il faut rappeler que la notion de « contemporanéité » est aussi ancienne et aussi problématique que la discipline historique elle-même. Elle lui est même doublement constitutive. D'une part, il n'y a d'histoire que contemporaine, selon la célèbre formule de Benedetto Croce. Un historien, comme n'importe quel autre individu, parle toujours du passé au présent. Il reconstitue des discours et des actes du passé avec un langage, des concepts et des préoccupations qui sont ceux de son temps, et il s'adresse à ses contemporains. Son objectif est de restituer avec la plus grande fidélité possible une vérité du passé, qu'il peut tenter d'établir grâce à des documents, érigés en preuves. Il le fait toutefois d'une position anachronique qu'il ne peut éviter, même si son métier consiste à surmonter cet obstacle naturel et à s'interdire de prêter aux acteurs d'une autre époque des intentions qu'ils n'avaient pas à ce moment-là, ou d'expliquer l'histoire à la lumière de ce qui s'est passé par la suite. Il doit résister aux effets déformants de l'« illusion rétrospective » : un événement n'était pas inéluctable du simple fait qu'il s'est effectivement produit. L'historien doit être conscient de ne jamais être certain de retrouver l'esprit et le sens originels d'une parole ou d'une action passées. Son travail s'inscrit donc dans une dialectique, une tension entre les mots du passé et ceux du présent.

C'est une évidence à ne jamais perdre de vue lorsque l'on cherche à définir la notion de contemporanéité, car celle-ci soulève d'emblée l'une des difficultés majeures du métier d'historien : la nécessité de se confronter en permanence à l'altérité, à la différence, à l'hétérogénéité que produit le temps qui passe, y compris parfois un temps très court. Nous sommes pour une part étrangers à notre propre histoire, car la continuité apparente d'un individu ou d'un groupe, celle que tente de cristalliser la mémoire, ne peut entièrement contrebalancer le changement réel, effectif, que produit le temps écoulé. C'est l'un des écueils majeurs de l'histoire du temps présent tout autant que sa raison d'être comme domaine historiographique à part entière : il nous faut résister à l'idée que la proximité des périodes ou des phénomènes étudiés pourrait nous affranchir de cette altérité et nous faire oublier que le passé reste une terre à la fois étrangère et familière ; en retour, cette altérité justifie que l'on tente de faire l'histoire de temps proches, voire actuels, dans la mesure où le projet même de l'histoire consiste à rendre compte de cette altérité, à l'expliquer, à la situer, à la mettre à distance.

Et d'autre part ?

D'autre part, l'étude historique du passé proche remonte aux origines même de l'histoire en tant que démarche intellectuelle. Les *Histoires* d'Hérodote ou *La Guerre du Péloponnèse* de

Thucydide sont en partie des histoires du temps présent, si l'on accepte l'anachronisme du concept. Plus proche de nous, l'histoire contemporaine s'est institutionnalisée dans le courant du XIXᵉ siècle et a toujours constitué un domaine actif de l'histoire. Au lendemain de la Première Guerre mondiale se développe en France une école historique originale, celle de Pierre Renouvin, qui se consacre aux relations internationales entendues non comme le faisait la vieille histoire diplomatique, c'est-à-dire l'étude des chartes, des traités et des liens entre puissances, mais comme l'étude des relations économiques, culturelles et politiques au sens large entre les nations. Pierre Renouvin et ses disciples seront très officiellement sollicités, dans les années vingt, pour établir, de manière aussi rigoureuse et objective que possible, la responsabilité de l'Allemagne impériale dans le déclenchement de la guerre. C'est un précédent remarquable d'une histoire du temps présent, confrontée à la difficulté de comprendre un drame encore proche et même brûlant, qui a profondément marqué les sociétés européennes, et soumise en même temps au défi de répondre à une demande sociale et politique très lourde d'enjeux. Durant l'entre-deux-guerres, on peut enfin rappeler que l'histoire contemporaine est présente aussi bien chez les positivistes que chez leurs adversaires des *Annales*, alors même que ni les uns ni les autres ne lui reconnaissent une entière légitimité scientifique. Dans son *Histoire sincère de la nation française*, publiée une première fois en 1933, et rééditée plusieurs fois jusqu'en 1939, Charles Seignobos, figure emblématique du courant positiviste, consacre trois pages (sur plus de quatre cents) aux conséquences de la guerre de 1914-1918. Il en conclut que, durant l'entre-deux-guerres, c'est-à-dire le temps présent pour l'auteur, « le peuple français a commencé à paraître ce qu'il est réellement, un peuple prudent, raisonnable et pacifique »[11]. C'est un diagnostic, formulé à la veille du second conflit mondial, qui montre l'intérêt et aussi les limites évidentes d'une interprétation à chaud des événements dans lesquels l'historien est plongé au même titre que ses concitoyens. De même, dans *L'Étrange Défaite,* ouvrage écrit entre juillet et septembre 1940, Marc Bloch se révèle être un historien du temps présent d'une lucidité fulgurante : il s'y présente lui-même comme un historien, c'est-à-dire comme un savant, armé d'une méthode critique, qui se doit de s'intéresser à la vie et donc de refuser l'illusion que le passé est mort, mais aussi comme un témoin, qui parle de son expérience et qui jette un regard sur son propre temps. L'exceptionnelle qualité de cet ouvrage doit cependant plus au contexte tragique et au talent personnel de Marc Bloch qu'à la problématique de l'école des *Annales,* revue qu'il a fondée avec Lucien Febvre en 1929.

> Cette fulgurance du capitaine Bloch est certes liée au contexte de l'époque, mais elle est le résultat d'une conception de l'histoire, le fruit d'une longue réflexion sur la société française. Marc Bloch pensait que le présent est inintelligible sans une certaine étude du passé, il ne pensait pas que l'étude du présent est en soi illusoire. Le rôle de l'historien n'est-il pas de formuler au présent les enseignements de l'Histoire ?

Marc Bloch parle d'une dialectique entre le passé et le présent comme tension originelle du métier d'historien. À cet égard, son propos le plus original n'est pas tant de rappeler que le présent ne peut être intelligible sans l'étude du passé – ce qui est l'essence de toute connaissance historique –, mais il est de montrer que l'analyse du présent permet, en sens inverse, de comprendre le passé. Il n'est certes pas prisonnier de l'effet téléologique qui veut que seule la fin, connue après coup, donne le sens d'un événement, mais il défend l'idée, assez originale à l'époque, que l'expérience personnelle de l'historien en tant qu'individu, citoyen, intellectuel, traversant – comme l'a fait Marc Bloch lui-même – les tragédies de l'Histoire, constitue un atout majeur pour expliquer le passé. L'expérience directe des deux guerres mondiales a été, par exemple, un élément déterminant pour aborder la guerre et le fait militaire comme phénomènes historiques et, si Marc Bloch n'avait pas été assassiné par les nazis, il est probable que le médiéviste qu'il était aurait écrit d'autres livres importants aussi bien sur le Moyen Âge que sur le XXe siècle.

Cette conception du métier ressortit, à mon sens, à une pensée libératrice, car elle refuse l'idée selon laquelle les hommes ou les sociétés seraient conditionnés, déterminés par leur passé sans qu'ils puissent y échapper. En s'interrogeant sur l'Histoire, les hommes tentent au contraire de confronter leur propre expérience avec l'expérience de ceux qui les ont précédés, en un échange qui reste libre, ouvert et indéterminé.

Marc Bloch reste-t-il une source d'inspiration pour les historiens du temps présent ?

Oui, bien entendu, mais, en fait, je voulais rappeler à quel point certains grands historiens médiévistes ou modernistes du XXe siècle, qui ont pu exprimer dans l'exercice de leur profession au mieux de l'indifférence, au pire de la méfiance, voire de l'hostilité à l'égard de la pratique d'une histoire contemporaine comme champ scientifique à part entière, ont parfois, par leur expérience directe d'individus et de citoyens, été amenés à jeter, consciemment ou non, un regard historique sur leur propre temps, et parfois un regard d'une lucidité inégalée. L'école des *Annales* s'est construite en partie contre l'impérialisme, réel ou supposé, de l'histoire politique et événementielle de la tradition universitaire. Cette stratégie de la distinction lui a permis de promouvoir une histoire de la longue durée, une histoire structurale, fondée sur l'analyse de l'économique et du social. Or cette historiographie novatrice et ambitieuse, qui a donné à l'école historique française une audience internationale, s'est développée de part et d'autre d'une rupture majeure de l'Histoire – la Seconde Guerre mondiale –, en un siècle marqué au fer rouge par une série d'événements considérables, tragiques et mortifères, et pour une part dépassant les limites de la compréhension humaine, comme le Génocide. Elle a affiché du dédain pour l'événement, le politique, la contingence, à une époque qui a vu se succéder deux guerres mondiales, deux grandes crises économiques, au moins une révolution aux consé-quences planétaires et l'avènement de nouvelles formes de tyrannie : le nazisme, le fascisme, le communisme réel. C'est une contradiction appa-rente qui invite à réfléchir sur les limites de la disci-pline, et plus encore du milieu universitaire, lesquels ne sont pas toujours à même de prendre la mesure des bouleversements qu'ils traversent comme le reste de la société. Tôt ou tard, il était nécessaire qu'une histoire du politique et de l'événement, deux traits dominants du siècle, rentrent à nouveau pleinement dans le territoire de l'historien pour répondre aux défis que ce siècle oppose à l'histoire et aux sciences sociales en général.

« Il n'y a
aucune raison,
au regard d'une
investigation
scientifique,
d'instaurer un
délai de réserve. »

Voulez-vous dire que l'histoire du temps présent fut quelque peu boudée par l'Université et certains de ses représentants les plus prestigieux ?

Jusque dans les années soixante-dix, cette histoire a été tenue en suspicion par les instances académiques. Dans les années cinquante, René Rémond ne cessait déjà de plaider pour que se développe une histoire du passé proche – il pensait alors surtout à l'entre-deux-guerres, et particulièrement aux années trente. Vingt ans après, la situation avait évolué, notamment aux marges de l'Université, comme à la Fondation nationale des sciences politiques. Mais les préjugés étaient encore tenaces. Lorsque, en 1975, j'ai choisi de consacrer mon mémoire de maîtrise à l'histoire de Vichy, j'ai eu le net sentiment d'une réticence de la part de certains enseignants, pourtant peu conservateurs, comme si ce choix à la fois d'une histoire contemporaine et d'un sujet encore fort délicat à traiter pouvait peser sur une carrière universitaire débutante. J'ai souvent entendu alors que prétendre écrire l'histoire du XXe siècle, c'était faire « au mieux de la science politique, au pire du journalisme ». Si l'on compare avec la situation d'aujourd'hui, ce champ disciplinaire faisait, il y a vingt ans à peine, figure de parent pauvre de l'historiographie. Rares en étaient les historiens qui avaient un certain rayonnement au-delà du cercle des spécialistes, par comparaison avec ceux de l'Antiquité, du Moyen Âge ou de l'époque moderne (XVe-XVIIIe siècles), qui tenaient, avec la nouvelle histoire, le haut du pavé et investissaient la scène médiatique : à cet égard, ces derniers n'ont fait, après tout, que précéder les historiens du temps présent qui occupent à leur tour, et pour d'autres motifs, ladite scène médiatique. Cette marginalité relative était conforme à une certaine tendance longue. C'est plutôt la situation actuelle, où cette histoire est non seulement reconnue en tant que telle, indépendamment de la qualité intrinsèque de sa production, inégale comme toute œuvre scientifique, mais aussi très fortement sollicitée, qui constitue une nouveauté.

Pourquoi ces réticences ?

De manière traditionnelle, et surtout depuis le XIXe siècle, trois séries d'objections ont été formulées à l'encontre de l'histoire contemporaine, et continuent d'ailleurs de l'être. *Primo*, cette histoire manquerait du recul nécessaire et irait à l'encontre d'un axiome de base qui prétend que seuls des événements clos sont accessibles à la connaissance historique. *Secundo,* cette histoire serait plus que d'autres en proie à la passion et serait un lieu de conflits idéologiques. *Tertio*, et c'est encore plus radical, cette histoire serait tout bonnement impossible sur le plan technique, car les archives ne sont pas disponibles.

« Les faits accomplis se présentent à nous avec une bien autre netteté que les faits en voie d'accomplissement », écrivait Denis Fustel de Coulanges[12]. Raymond Aron (qui n'a heureusement pas respecté cette orthodoxie) formule ce postulat de manière encore plus nette : « L'objet de l'histoire est une réalité qui a cessé d'être. »[13] Cette première objection soulève un problème de fond, fort classique. Elle signifie qu'il existerait une période de réserve, durant laquelle toute investigation sur le passé serait à exclure afin que le temps puisse faire son œuvre. En d'autres termes, l'historien ne peut surgir qu'après le temps de l'oubli, une fois les morts enterrés. Dans cette conception très classique du métier, le temps de l'histoire est comme l'inverse du temps de la justice – une comparaison sur laquelle nous reviendrons. Alors que la justice décrète qu'il y a prescription des poursuites ou des peines *au bout* de délais variables (à l'exception notable du crime imprescriptible contre l'humanité), le travail de l'historien ne devrait commencer, lui, qu'*à compter* d'un certain délai, un délai de réserve que personne d'ailleurs n'a jamais défini de manière précise... sauf le législateur, statuant sur la communication des archives publiques.

Quel serait ce délai normal de réserve ? Combien de temps faut-il laisser passer pour qu'un événement soit intelligible ?

Il n'y a aucune raison, au regard d'une investigation scientifique, d'instaurer un délai de réserve. Dès lors que l'historien considère son territoire vierge de toute frontière – c'était l'un des mots d'ordre de la nouvelle histoire qui pensait alors à l'infinité des objets historiques sur lesquels porter sa curiosité –, il n'y a pas lieu de lui fixer des frontières temporelles. Mais c'est là une pétition de principe plus qu'un argument. En réalité, cette position se fonde sur l'idée qu'il est impossible de déterminer *a priori* à partir de quand un phénomène devient intelligible et accessible à la connaissance historique. La Révolution française est-elle plus intelligible dans les années 1880, alors qu'un siècle s'est écoulé, que sous la Restauration, à peine vingt ans plus tard, alors que ses cendres sont encore chaudes ? Dans le dernier tiers du XIXe siècle, le souvenir et plus encore la tradition révolutionnaire reviennent sur le devant de la scène pour des raisons politiques. On est alors dans la période de fondation intellectuelle puis institutionnelle de la République. Faut-il considérer que le siècle écoulé est à ce moment-là un délai de réserve raisonnable ou plutôt que la rémanence de l'événement observée sur la scène politique est au contraire un obstacle à la nécessaire distance intellectuelle ? Autre exemple : l'histoire du communisme. Il est clair que celle-ci peut s'écrire avec une plus grande lucidité et une meilleure fiabilité depuis la chute du mur de Berlin et la fin du système soviétique. Non seulement les historiens travaillent désormais sur une masse d'archives auparavant fermées, mais la fin du système invite à repenser autrement la séquence historique inaugurée par la révolution de 1917 dans la mesure où l'on étudie un phénomène politique dont la « fin » est aujourd'hui connue. On sait que ce système était « mortel » et, en fin de compte, qu'il a connu, à l'échelle de la longue durée, une histoire relativement brève, contrairement à ce que l'on pouvait penser avant 1989-1991. En d'autres termes, cette histoire est en apparence plus aisée à écrire, car l'événement est clos, du moins provisoirement. Mais cela ne signifie en rien que tout ce qui a été écrit par les historiens et les autres spécialistes avant la chute du Mur, alors que l'événement était encore en devenir, était sans valeur ni surtout que c'était inutile. Imagine-t-on qu'il ait fallu attendre les années quatre-vingt-dix pour entreprendre les premières histoires de l'URSS et du système communiste international ? De surcroît, l'histoire qui s'écrit aujourd'hui, avec des archives, une meilleure appréciation de l'événement et une plus grande distance temporelle, n'est en rien plus sereine que celle qui s'écrivait alors que l'événement était encore ouvert à de multiples futurs possibles. Au contraire. Il suffit de voir aujourd'hui, en France, la levée de boucliers dès qu'un ouvrage aborde la comparaison entre nazisme et communisme – qu'il le fasse de manière opportune ou caricaturale comme dans le texte introductif au *Livre noir du communisme*, sur lequel nous reviendrons. C'est oublier que le principe de comparabilité, quelles que soient les conclusions sur lesquelles il débouche, est fort ancien. Il a connu son apogée dans les années cinquante, notamment dans l'œuvre d'Hannah Arendt, avec l'émergence du concept de « totalitarisme ». Il pouvait même sembler définitivement légitime sur le plan scientifique et intellectuel, quand bien même on refuse de faire l'équation entre les deux systèmes, ce qui implique par définition les comparer au préalable. À cet égard, on peut voir dans les polémiques actuelles une forme de régression, qui montre que la distance ou la « clôture » de l'événement n'atténuent en rien la charge émotive et idéologique dans laquelle est prise l'écriture de l'histoire. Dernier exemple enfin, celui de l'histoire de l'Occupation : pour y être confronté depuis longtemps, je sais qu'il n'est pas plus aisé de travailler aujourd'hui, près de soixante ans après la défaite de 1940, sur ces événements, que cela ne l'était il y a une dizaine d'années, alors que ceux-ci étaient plus proches. En effet, la sensibilité éprouvée autour des souvenirs de cette période n'a pas diminué avec le temps, elle a plutôt augmenté avec la prise de conscience de nouvelles générations. Et plus cette sensibilité est vive, plus le travail de mise en histoire est difficile. Certes, il l'est moins que dans les années soixante, où cette période était encore l'objet de silences officiels. Mais la difficulté n'a pas baissé de manière tendancielle, elle oscille avec le temps et avec l'histoire du souvenir de l'événement.

En d'autres termes, l'objection majeure opposée à l'histoire du temps présent, à savoir le manque de recul, n'a, à mon sens, aucune pertinence, et le délai de réserve n'est le plus souvent qu'un alibi idéologique, variable dans ses modalités suivant les faits historiques en jeu. Chaque période, chaque génération se penche sur le passé, proche ou lointain, avec ses propres catégories mentales, avec des attentes différentes, et avec un degré de pertinence qu'il est très difficile d'évaluer, sauf à considérer qu'il existerait un étalon de mesure de l'Histoire. Cela ne signifie pas qu'il n'y ait point de progrès de la connaissance historique ni ne signifie que l'histoire ne serait que relative – ici au temps lui-même. Mais cela invite à faire la part entre des acquis du savoir qui peuvent se cumuler et durer et d'autres acquis qui sont souvent du registre des questions posées et des interprétations proposées, lesquelles, la plupart du temps, sont, elles, datées et inscrites dans un contexte, même si celles-ci peuvent être pertinentes sur la durée.

À quoi correspond, selon vous, le temps de réserve ?

L'argument est souvent d'ordre idéologique, mais il n'est pas que cela. Il s'appuie aussi sur l'idée commune et en apparence évidente qu'il faut attendre que les protagonistes aient disparu. Le temps de l'histoire serait alors concomitant du temps du deuil, il commencerait avec le temps des morts. L'argument n'est pas sans valeur, mais il est davantage d'ordre éthique que d'ordre scientifique. Certes, il est parfois moralement difficile d'écrire une histoire en présence des vivants, des acteurs. Cela peut entraîner des réflexes d'autocensure ou, au contraire, une tendance à l'indiscrétion, voire à des attitudes inquisitoriales. Pour autant, l'histoire du temps présent s'est constituée en discipline parce que, précisément, il fallait relever ce défi et poser comme postulat, à l'instar de la plupart des sciences sociales qui travaillent sur des phénomènes contemporains, que la présence d'acteurs et de témoins vivants était bel et bien une ressource. En ce sens, cette histoire du temps présent, qui a émergé dans les années soixante-dix, est effectivement fille de son temps, une époque qui a érigé la mémoire en valeur essentielle.

Ce défi levé, voulez-vous dire que l'entreprise de fonder l'histoire du temps présent ne fut pas de tout repos? Que l'idée de faire de l'histoire avec des témoins vivants ne s'est pas imposée sans peine?

C'est très exactement cela. L'histoire du temps présent ne s'est pas constituée de manière défensive, en s'excusant d'avoir à s'interroger sur des témoins vivants ou sur des plaies non refermées. Elle s'est fondée en retournant les objections qui lui ont toujours été faites, en affirmant la nécessité de faire cette histoire, de ne pas en laisser le monopole aux autres sciences sociales ou aux journalistes et chroniqueurs. La définition même de l'histoire du temps présent, c'est d'être l'histoire d'un passé qui n'est pas mort, d'un passé qui est encore porté par la parole et l'expérience d'individus vivants, donc d'une mémoire active et même singulièrement prégnante, on l'a vu. Cette histoire est certes un dialogue entre les vivants et les morts, comme tout récit historique, mais elle repose également sur un dialogue entre vivants, entre contemporains, sur un passé qui n'est pas encore entièrement passé, mais qui n'est déjà plus actuel. Elle s'interroge sur la frontière indéterminée qui sépare le passé et le présent, comme toutes les autres formes de connaissance historique, mais elle en a fait, elle, son objet d'étude principal.

L'histoire du temps présent ne contribue-t-elle pas à une manière d'accélération de l'Histoire ? N'est-elle pas sujette à des passions du fait même de son absence de recul ?

Je ne le crois pas. Je crois même qu'elle est indispensable précisément pour donner une intelligibilité à l'accélération dont vous parlez. De toute manière, celle-ci tout comme la passion existent indépendamment d'une écriture savante de l'histoire proche : on vient de le voir avec la question de la mémoire. L'histoire du temps présent rencontre à cet égard des difficultés qui lui sont propres, elle ne les crée pas, sauf à donner aux historiens un pouvoir d'influence qu'ils n'ont pas. En réalité, à l'instar de la prétendue nécessité d'un délai de réserve, le reproche d'une histoire qui serait prise dans des enjeux idéologiques est d'une assez faible portée : tout discours ayant trait à l'histoire, en particulier à l'histoire nationale, est chargé de passion. C'est même l'intérêt majeur du regard historique que de se pencher sur l'expérience des anciens et, également, de faire prendre conscience que les débats et les enjeux du présent s'enracinent dans une durée, parfois se perpétuent dans des contextes différents. Les débats actuels autour de Vichy, qui portent d'ailleurs à mon sens moins sur les événements eux-mêmes que sur la manière d'en perpétuer le souvenir, ne sont ni plus ni moins idéologiques que ceux, encore vivaces, qui ont pour thème la Révolution française. Cette vivacité, parfois la hargne des débats consacrés au passé proche ou lointain ne sont pas, en elles-mêmes, des obstacles à la progression du savoir. Ces débats en sont un élément constitutif, qui peut certes faire régresser la connaissance, notamment par la tendance à l'anachronisme ou à la polémique stérile, mais qui peut aussi renouveler certains questionnements. Le véritable problème est ici celui des usages politiques et sociaux du passé – étant entendu et étant admis qu'il n'existe aucune écriture gratuite de l'histoire, et que celle-ci s'insère toujours dans un contexte, dans des enjeux que les historiens ne maîtrisent pas, mais dont ils doivent être conscients.

Le manque d'archives n'est-il pas un autre obstacle ?

L'objection est d'un autre ordre. Signalons au passage qu'elle renvoie à une conception archaïque et du métier d'historien et de la notion même d'« archive » dans la mesure où elle suppose implicitement que l'archive, c'est l'archive de l'État, qui demeure longtemps confidentielle et qui, une fois mise au jour, est supposée révéler à l'historien les secrets du même nom, et donc les clés de compréhension d'une époque. La difficulté d'accéder aux archives publiques ne demeure pas moins un problème récurrent de l'histoire du temps présent. Mais elle a été contournée : on fait intervenir d'autres sources, à commencer par le témoignage des vivants, l'image fixe ou animée (la photographie, la télévision, le cinéma, la vidéo), la parole enregistrée (la radio, notamment), la presse, la littérature grise (les rapports, les documents, les études officielles), les archives privées, etc. En réalité, tous les historiens du XXᵉ siècle le savent, la principale difficulté du métier réside non dans la pénurie des sources, mais dans leur abondance et leur hétérogénéité : c'est l'un des traits essentiels de ce siècle que d'avoir produit un nombre incommensurable de traces durables, au moins autant que toute l'histoire antérieure.

L'audiovisuel et d'autres nouvelles techniques ont-elles changé le travail de l'historien, par exemple son rapport au témoin ?

Dès lors qu'il a été possible d'enregistrer et de conserver des témoignages, c'est toute la tradition orale qui est entrée dans une nouvelle phase, car elle n'était plus du coup réservée à des cercles étroits, familiaux, professionnels, régionaux, mais elle pouvait trouver une audience beaucoup plus large, et participer à la fondation ou à l'entretien d'une mémoire collective plus étendue. Les ethnologues, les anthropologues, les sociologues l'ont compris bien avant les historiens. La nouveauté tient également au désir d'archiver une quantité importante et significative de témoignages, à l'instar de ce qui se passe depuis des années pour l'histoire du Génocide : la crainte de voir les survivants disparaître avant d'avoir parlé a généré, dès 1945 et non depuis peu comme on le dit trop souvent, une masse de témoignages de toute nature, et sur tous supports, qui n'a pas d'équivalent dans l'Histoire. En fait, il est indispensable de distinguer les choses. Le témoignage n'est pas forcément oral, et nombre d'archives classiques, utilisées depuis des siècles par les historiens (un interrogatoire de police, par exemple), ne sont que des témoignages retranscrits sur du papier, ce qui leur confère implicitement une plus-value symbolique mais ne leur retire aucunement leur caractère de témoignage. En ce sens, il est possible que, dans l'avenir, on accorde plus d'importance au témoignage audiovisuel, par le contact direct qu'il procure avec la voix ou l'image du témoin, qu'à des témoignages couchés par écrit. Il faut distinguer également les *sources orales*, c'est-à-dire des témoignages sollicités par l'historien, utilisés dans le cadre d'une recherche précise, intégrés et confrontés à d'autres sources ; les *archives orales,* c'est-à-dire de vastes corpus de témoignages enregistrés de manière systématique mais non immédiatement finalisés, et qui peuvent donc servir ultérieurement à plusieurs types d'exploitation ; et enfin l'*histoire orale,* qui va bien au-delà d'une simple technique et qui est un courant historiographique, né pour l'essentiel dans le monde anglo-saxon, accordant une plus-value à la parole des exclus, supposés ou réels, de l'Histoire, par opposition aux archives laissées par les pouvoirs ou les élites[14]. Bien entendu, le choix des termes n'est pas indifférent. Éviter de parler d'« histoire orale », comme nous le faisons depuis des années à l'IHTP, signifie, avec des degrés différents suivant les historiens, refuser d'accorder un caractère « sacré » au témoignage sous prétexte qu'il s'agit de la parole des victimes ou des oubliés de l'Histoire. C'est une manière de dire que l'historien n'est ni un simple porte-micro ni un militant de la mémoire, il est un scientifique qui construit ses objets et détermine ses sources en fonction des questions qu'il pose et se pose. C'est aussi une manière de marquer la distance avec le témoin, qui peut avoir la tentation de considérer l'historien comme son porte-plume.

Enfin, le poids croissant que l'on accorde à l'image dans nos sociétés a entraîné les historiens non seulement à s'intéresser au cinéma ou à la télévision comme une source majeure pour l'histoire du XXe siècle ou comme un objet d'histoire culturelle, mais également à réfléchir au rapport singulier que l'image entretient avec le temps en général et le temps historique en particulier. L'image recrée du présent, de l'actuel, un sentiment d'immédiateté, chargé d'affect et de sensibilité, alors que l'histoire, encore une fois, est une mise du temps à distance.

L'image, même datée, offre un sentiment de proximité qu'il est nécessaire d'analyser et de critiquer[15].

Quel rôle attribuez-vous à l'archive ?

L'émergence même d'une histoire du temps présent s'est faite en parallèle à l'évolution des esprits et des lois sur l'accès aux archives publiques. La loi du 3 janvier 1979 qui ramenait les délais communs de cinquante à trente ans pour une part importante des papiers publics a, par exemple, été l'une des causes indirectes de la création de l'IHTP. Elle levait notamment un butoir hautement symbolique : celui du 10 juillet 1940, date de la création du régime de Vichy, au-delà duquel presque aucun document public n'était alors communicable. Bien que libérale dans son esprit, elle a parfois été appliquée de manière restrictive, notamment avec l'allongement des délais à soixante ans, institué pour tout ce qui touchait à la vie privée – notion particulièrement floue et pouvant s'appliquer à de très nombreux documents – et à des faits pouvant mettre en cause la sûreté de l'État ou la défense nationale, sans compter des délais encore plus longs fixés pour certains documents judiciaires ou médicaux. Cette pratique a touché en particulier les documents datant de l'Occupation, et plus encore certains d'entre eux, dont les archives policières, moins à cause de la période considérée que par une certaine tradition d'opacité du ministère de l'Intérieur.

Cependant, la multiplication des études sur le XXᵉ siècle a généralisé la pratique des dérogations, prévue par la législation, et qui, bien qu'elle soit insatisfaisante, car elle relève d'une politique au cas par cas, permettait néanmoins à des chercheurs d'accéder à de très nombreux documents, voire à des séries complètes, en principe non communicables avant soixante ans ou plus. C'est même cette disposition qui a aidé à l'éclosion d'une véritable école historiographique sur Vichy et au développement plus général de l'histoire contemporaine. Certes, nombre de documents ne sont pas accessibles ou demandent beaucoup de temps pour être consultables. En octobre 1997, juste à l'ouverture du procès de Maurice Papon, le Premier ministre Lionel Jospin a demandé par voie de circulaire que les administrations, qui détiennent le pouvoir effectif d'ouvrir ou non leurs fonds, facilitent largement l'accès des chercheurs aux archives de Vichy. Il a sans conteste donné une impulsion nouvelle devant permettre de faire sauter les derniers verrous et simplifier les procédures. On peut se féliciter à cet égard qu'un gouvernement tranche avec la tradition étatique française et se préoccupe de la question des archives, de leur importance et de leur accessibilité. Néanmoins, il s'agissait là d'un effet d'annonce puisqu'une grande partie de ces documents étaient déjà largement connus des historiens depuis très longtemps.

Pourquoi une telle sensibilité à l'égard des archives ? Vous avez consacré un chapitre entier à cette question dans *Vichy, un passé qui ne passe pas*. Vous sembliez condamner la recherche solitaire et sauvage de certains militants de la mémoire...

Non, j'ai stigmatisé les mensonges proférés au nom du devoir de mémoire et les méthodes plus proches de celles de la propagande que de la recherche de la vérité. Mais le problème est plus profond. Depuis quelques années, les archives sont devenues un enjeu de débat public. Elles suscitent un intérêt grandissant, alimenté par une excitation inédite de certains médias. Cette préoccupation

« L'idéologie
de la transparence
promeut,
sans s'en rendre
compte,
une nouvelle
forme d'opacité.

relativement nouvelle est un indice parmi d'autres de l'attention angoissée portée au passé. Elle est aussi, à mon sens, la marque d'une suspicion grandissante, plus ou moins justifiée, et plus ou moins fondée, à l'égard de l'État et des pouvoirs en général. Elle s'inscrit dans le débat plus large sur la transparence et le secret dans les sociétés contemporaines, et ce n'est en rien un hasard si celui-ci se focalise exclusivement sur la question de l'accessibilité aux documents publics des périodes sensibles (Vichy, la guerre d'Algérie, etc.). Cette discussion apporte d'incontestables avancées positives, comme le souci d'une redéfinition des rapports entre gouvernants et gouvernés. Mais elle développe également beaucoup de fantasmes sur la nature supposée perverse du pouvoir et de l'autorité, comme si, aujourd'hui, l'idée même qu'il puisse exister des secrets d'État ou, plus prosaïquement, des informations qui ne soient pas immédiatement jetées sur la place publique, car elles n'ont pas vocation à l'être, ou alors dans une autre temporalité que l'urgence médiatique, était devenue inacceptable – ce qui est pour le moins discutable.

Si je voulais jouer sur les mots, je dirais que transparent est presque synonyme d'invisible, et que l'idéologie de la transparence promeut, sans s'en rendre compte, une nouvelle forme d'opacité. Le surcroît d'informations, y compris d'informations historiques, restreint la possibilité de mise en perspective, et donc la connaissance. En outre, je ne suis pas certain que transparence et démocratie aillent toujours et nécessairement de pair. Et il n'est pas non plus certain que seuls les pouvoirs établis aient à redouter du caractère, parfois inquisitorial, de cette idéologie de la transparence tous azimuts, laquelle, sous couvert d'une défense des libertés démocratiques, donne de plus en plus de pouvoir, et un pouvoir de moins en moins contrôlé, à certains médias, ou plutôt à une certaine conception du journalisme, prompte à exiger rigueur et transparence pour les autres sans les mettre en œuvre pour elle-même. En tout cas, il n'y a, à mon sens, aucune politique de transparence à l'égard de l'État et des pouvoirs en général qui ne doit s'accompagner d'un exercice corollaire de responsabilité de la part de l'historien, du journaliste et du citoyen en général.

C'est dans le contexte de la loi de 1979 qu'est né l'IHTP ?

Oui, en grande partie. En réalité, c'est l'intérêt pour l'histoire du temps présent qui a considérablement fait évoluer les esprits, tant chez les archivistes et les chercheurs que chez les responsables politiques. L'annonce récente d'un projet de loi concernant les archives et qui préconise un principe d'ouverture beaucoup plus étendu n'est pas seulement le résultat du procès Papon ou des polémiques, parfois artificielles, s'élevant autour de Vichy. Elle résulte d'une tendance longue, qui ne touche pas seulement l'histoire des périodes sensibles.

La création de l'IHTP, qui regroupe à l'heure actuelle une quinzaine de chercheurs titulaires du CNRS et plus d'une centaine de chercheurs associés, travaillant dans l'enseignement secondaire ou supérieur, est surtout significative de l'évolution du champ historiographique dans son ensemble, lequel comprend infiniment plus de spécialistes, la plupart travaillant dans les universités.

L'IHTP est né en 1978-1979, de la transformation du Comité d'histoire de la Deuxième Guerre mondiale. Ce dernier, dans les années cinquante, était lui-même issu de plusieurs autres organismes, dont la Commission d'histoire de l'Occupation et de la Libération de la France, créée dès l'automne 1944, à l'initiative du gouvernement provisoire, pour réunir une documentation historique sur les années noires. Le CHDGM, bien qu'il ait été financé par le CNRS, a dépendu directement, tout au long de son existence, du Premier ministre. Il s'agissait alors d'échapper à la tutelle d'un seul ministère et de lui permettre ainsi d'accéder plus facilement aux archives publiques récentes, alors presque entièrement fermées à la recherche historique. Par certains aspects, cette situation était porteuse d'ambiguïtés et pouvait donner le sentiment que s'écrivait en ce lieu une histoire officielle. En réalité, ces historiens, à commencer par le directeur-fondateur, Henri Michel, participaient eux-mêmes au climat intellectuel des années cinquante et soixante, un climat dans lequel la recherche historique s'intéressait assez peu à l'histoire du régime de Vichy, presque pas à celle de sa politique antijuive, et beaucoup à l'histoire de la Résistance, de la déportation (mais pas en son sens racial), de la répression allemande. Il serait toutefois injuste d'accréditer le cliché selon lequel il aurait fallu attendre les historiens étrangers (dont le célèbre Robert Paxton) pour s'intéresser pour la première fois à ces sujets de manière scientifique : Robert Paxton et bien d'autres historiens étrangers ou français ont utilisé largement les acquis de ce comité, lequel a produit des travaux essentiels, aujourd'hui oubliés du grand public. À dire vrai, ce sont les questionnements ou les interprétations dominantes de ce comité qui pouvaient être contestés, et ils l'ont été assez nettement par ceux qui ont pris la suite.

L'IHTP succède à ce que vous avez appelé, dans *Le Syndrome de Vichy*, « le miroir brisé ». Il succède à *La France de Vichy* (traduit en 1973), de Robert Paxton, aux polémiques qui ont accompagné la sortie du *Chagrin et la Pitié* et, surtout, il est créé au moment où on assiste à un changement de perspective radical en ce qui concerne l'approche de l'antisémitisme et du Génocide. Est-ce un hasard ?

Non, il participe de ce mouvement, de manière plus ou moins consciente. Mais il va bien au-delà. D'une part, devenu en 1978-1979 un laboratoire à part entière du CNRS, coupant ainsi le cordon ombilical avec le Premier ministre, l'institution s'est « normalisée ». Cette évolution, voulue notamment par son premier directeur et fondateur, François Bédarida, prolongée ensuite par son premier successeur, Robert Frank, signifiait clairement que la guerre devait être désormais considérée comme un champ de recherche parmi d'autres, d'autant que la nouvelle loi permettait en principe d'accéder à des archives publiques postérieures à 1945. D'autre part, de par son titre même, l'IHTP annonçait un changement de perspective important. Son intitulé vient pour une part de la traduction de l'allemand *Zeitgeschichte*, qui figure dans celui d'un organisme plus ancien, l'Institut für Zeitgeschichte, de Munich, qui a été, depuis les débuts de la République fédérale d'Allemagne, l'un des hauts lieux de l'historiographie du nazisme. Il faut préciser toutefois que, pour les Allemands, le temps présent commence en 1918, avec la République de Weimar, tandis que, en France, le nouvel institut devait, de par son cahier des charges, couvrir une période allant de 1939 aux périodes les plus proches, c'est-à-dire alors la fin des années soixante-dix.

On touche là d'ailleurs un des paradoxes de cette

création institutionnelle. À l'origine, l'IHTP devait prolonger le travail de son prédécesseur sur la Seconde Guerre mondiale, mais il devait surtout initier une histoire du passé proche, en particulier des années postérieures à 1945. Mais, comme vous le rappelez, sa création correspond très exactement au début de la phase obsessionnelle décrite dans *Le Syndrome de Vichy*, et qui va voir de manière continue et progressive les réminiscences de cette époque resurgir dans l'actualité, jusqu'à l'acmé du procès Papon. Par conséquent, loin d'abandonner l'historiographie de la guerre, l'IHTP va au contraire participer à son renouvellement tout en établissant, de manière concomitante, une méthodologie pour étudier le temps présent dans son ensemble, en particulier les années cinquante, la guerre d'Algérie, l'histoire de la politique économique, etc. Cette concomitance entre la réévaluation de la période de l'Occupation et la mise sur pied d'une histoire très contemporaine participe là encore d'un phénomène plus profond qui a accordé à ces années noires, à compter de la fin des années soixante-dix, un statut fort différent de celui qu'elles avaient auparavant : loin d'être une parenthèse de l'histoire de France, ce contre quoi s'était déjà élevé Robert Paxton, elles devenaient au contraire des années charnières, des années fondatrices, la « matrice » comme on disait alors, de *notre* temps présent, c'est-à-dire de la seconde moitié du XXᵉ siècle.

Pourtant, les deux guerres de notre terrible XXᵉ siècle, comme disait Jan Patocka, ne sont-elles pas étroitement liées ?
Envisager la Seconde Guerre mondiale comme la « matrice » du temps présent est un paradigme historique sans doute dépassé. La chute du mur de

Berlin invite à réfléchir à une autre périodisation
de ce siècle. L'événement clôt de manière inatten-
due la séquence ouverte par la révolution de 1917
et relativise, d'une certaine manière, l'année 1945,
une date qui semblait jusque-là le pivot du siècle,
notamment à cause de la bipolarisation qui est
née à ce moment-là, et que l'on pensait plus ou
moins pérenne. À l'heure actuelle, les historiens
réévaluent le poids de la Première Guerre mondiale
que certains désignent comme la véritable matrice
du siècle et de sa violence singulière.

Aussi discutable ou amendable soit-il, ce paradigme d'une Seconde Guerre mondiale fondatrice
a eu un impact très important non seulement sur
les recherches en histoire du XXᵉ siècle, mais aussi
sur le statut même de l'histoire contemporaine.
En effet, c'est en 1982-1983 que les programmes
d'histoire dans le secondaire ont proposé des chapitres conséquents sur la Seconde Guerre mondiale et sur le temps présent, dont le point de
départ était alors l'année 1939 et non plus l'année
1945, ce qui est très différent. Cette réforme, sur
laquelle on est revenu depuis et qui doit changer
encore, rompait de manière nette avec la conception inaugurée par Fernand Braudel dans les années
cinquante et qui traitait de la période postérieure
à 1945 – après un survol elliptique des années
1939-1945 – sous la forme des « grandes civilisa-
tions », mêlant politique, géographie et histoire.

Ce phénomène qui voit la méthodologie d'une
nouvelle histoire contemporaine portée en partie
par des travaux réalisés sur la Seconde Guerre
mondiale et sur la séquence tragique des années
1930-1950 n'est pas propre à la France. Il est
constitutif de l'historiographie allemande d'après-
guerre. On l'observe aussi bien en Belgique et aux

Pays-Bas, deux autres pays où l'occupation nazie a laissé des séquelles durables. Il est perceptible en Italie, avec le poids du passé fasciste, ou encore en Espagne, avec les souvenirs du franquisme. Il l'est depuis peu en Suisse, avec la réévaluation en cours de l'attitude qu'elle a eue entre 1939 et 1945. Ce sont là autant de cas où l'histoire de cette séquence critique, dont la chronologie varie suivant les situations propres à chaque pays, a fécondé et a été nourrie en retour par l'intérêt et le poids croissant du passé proche dans le présent. La nouvelle histoire du temps présent a été dès l'origine une écriture du désastre, d'où une difficulté supplémentaire pour surmonter les objections dont nous parlions auparavant.

> Mais cette rémanence du passé dans l'actualité culturelle et dans les représentations collectives est-elle particulière à l'histoire du temps présent et à la période allant de la fin des années soixante-dix au début des années quatre-vingt? Ou bien peut-on trouver dans l'histoire des exemples de rémanence où les historiens, du XIXe siècle ou des années trente, avaient été obligés aussi d'analyser un tel syndrome?

Le phénomène n'est certes pas nouveau et il intéresse par définition toute histoire contemporaine. J'ai cité plus haut l'impact de la Révolution française dans l'évolution politique, culturelle et historiographique du XIXe siècle. On peut y ajouter l'affaire Dreyfus ou la Première Guerre mondiale qui ont profondément marqué les générations qui les ont traversées, et ont donné lieu à d'incessants débats politiques ou historiographiques. L'histoire du communisme constitue, presque depuis l'origine, et surtout depuis la fin du stalinisme, un enjeu du même ordre. Le syndrome de Vichy ou cet intérêt obsessionnel pour les années noires offre cependant un trait singulier dans la mesure où il est le volet français d'un phénomène international, au moins dans les pays qui ont connu la dernière guerre, et qui voit la mémoire du Génocide occuper dans notre présent une place considérable. Et, je le répète, la postérité de cet événement est, elle, assez unique dans l'Histoire.

Quelle place ont les historiens dans ce type de phénomènes ? Accompagnent-ils, qu'ils le veuillent ou non, les changements politiques et culturels de leur temps ?

Oui, il les accompagnent, il les suivent souvent, ils les anticipent plus rarement, et sans en être réellement conscients. C'est tout l'intérêt de l'histoire du temps présent. La passion même qu'elle suscite auprès du public est partie prenante du temps de la mémoire dont nous parlions, avec toutes les ambiguïtés et les conflits existant entre mémoire et histoire déjà signalés. On pourrait ainsi prolonger la réflexion sur les usages de l'histoire que la valorisation de la mémoire a entraînés, et sur les conséquences pour la discipline elle-même.

Lors des « trente glorieuses », entre 1945 et 1975, alors que l'imaginaire social offrait encore de multiples visions ouvertes de l'avenir et où persistait encore l'idée d'une civilisation en marche vers le progrès, la prospective occupait une grande place dans la réflexion intellectuelle. Durant cette époque de profondes mutations, certaines sciences sociales, notamment la sociologie et l'économie, étaient particulièrement sollicitées pour créer des modèles de développement et de croissance, élaborer des outils statistiques et de comptabilité publique prévisionnels, proposer des grilles de lecture des nouvelles couches sociales, les consommateurs par exemple. Ces disciplines étaient, plus que d'autres, appelées à conseiller le prince, et répondaient plus volontiers à la demande sociale. Elles fournissaient une expertise concrète et plus ou moins fiable, tout autant qu'elles alimentaient l'imaginaire des décideurs et leur credo en une possible appréhension scientifique du présent et de l'avenir.

À partir des années soixante-dix, c'est au tour de l'histoire, et particulièrement de l'histoire du temps présent, d'être ainsi sollicitée par l'État et la demande sociale : multiplication des appels d'offres émanant de la sphère publique ou privée pour écrire l'histoire de tel organisme, de telle collectivité ou de telle communauté ; multiplication des comités d'histoire au sein des ministères ; appels de plus en plus larges à l'expertise historique – jusqu'au cas limite de l'expertise judiciaire dans les affaires Touvier et Papon. Depuis une vingtaine d'années, la figure de l'historien a pris une place importante dans le cercle fermé des experts de toute nature, ceux qui parlent dans la lucarne, ceux qui commentent, avec plus ou moins de bonheur, les questions angoissantes que produit au quotidien l'actualité, puisque le passé, on l'a vu, fait l'actualité et occupe la une des journaux.

Gérard Noiriel, reprenant son thème de la crise de l'histoire, a écrit récemment dans *Le Monde de l'éducation* (novembre 1997) : « La nouvelle génération [d'historiens] qui accède aujourd'hui aux responsabilités saura-t-elle (et voudra-t-elle?) – en profitant, par exemple, des innovations que la technologie met à sa disposition – inventer les nouveaux espaces publics de discussion et de réflexion collectives qui font défaut aujourd'hui, de façon que les questions [...] concernant les nouvelles directions de recherche, la démocratisation du fonctionnement interne de la discipline et du recrutement externe, les relations avec l'édition, le journalisme, le monde des historiens « amateurs », etc.,

**puissent être débattues par tous les historiens qui le souhaitent?».
Pensez-vous, vous aussi, que l'avenir de la recherche historique
dépend de la réponse qui sera apportée à ces questions?**

Je pense qu'il faut distinguer ce qui relève de questions corporatistes (le recrutement, le fonctionnement interne de la discipline), qui n'ont guère de spécificité majeure au regard d'autres disciplines voisines, de la situation de l'histoire dans le débat public actuel, qui est, elle, une question singulière, d'une actualité évidente. Je ne souscris pas à l'idée d'une « crise » de l'histoire, qui me semble être surtout le déclin relatif, peut-être non souhaitable, d'un certain modèle d'histoire sociale plus que d'une crise générale de la discipline. Je souscris encore moins à l'idée que l'histoire aurait à perdre dans le dialogue qu'elle renoue depuis peu avec la philosophie, ce qui semble inquiéter Gérard Noiriel. Je le rejoins, en revanche, sur cette nécessité de trouver des lieux non pour débattre entre historiens qui ont tout le loisir de le faire, mais pour intervenir dans l'espace public sans être contraint par la logique et le discours médiatiques. En fait, le problème se pose depuis toujours aux scientifiques. Seul change le fait que ce ne sont pas toujours les mêmes disciplines qui sont sollicitées. Et le dilemme ne change pas de nature : conserver l'entière maîtrise du discours scientifique mais rester alors dans une tour d'ivoire ; accepter de s'ouvrir au monde extérieur et répondre à la demande sociale, mais perdre alors la maîtrise de la parole et dépendre de la qualité et de la fiabilité du média par lequel on va communiquer. La première attitude me semble, en ce qui concerne l'histoire du temps présent, illusoire et non recevable. Dès lors, entrer dans le débat public, c'est accepter de trahir son discours, accepter le fait qu'il ne puisse pas être entièrement contrôlé (et encore moins ses effets), accepter d'être interpellé. Et, pour l'instant, la scène médiatique est celle où le débat public s'est installé, pour le meilleur et pour le pire. Mais la responsabilité en incombe peut-être aussi à ceux qui en ont la maîtrise réelle.

Vous ne pouvez donc pas ignorer la demande sociale ?

La demande sociale, dans le milieu universitaire, n'a pas toujours bonne presse. On la soupçonne de vouloir infléchir les problématiques scientifiques, de piloter indirectement la recherche par l'aval, comme on disait autrefois, d'introduire dans la sphère scientifique des enjeux d'une autre nature : politiques, médiatiques, commerciaux, etc. Au fond, on lui reproche de troubler le jeu académique qui est, comme on le sait, vierge de toute préoccupation autre que la quête du savoir.

Ces critiques, diffuses ou explicites, méritent d'être examinées. D'abord, la demande sociale est une réalité complexe et insaisissable, inscrite dans le temps de la mémoire dont nous parlions auparavant. Elle n'émane pas uniquement de l'État ou des pouvoirs, loin de là. Or, s'il est possible de refuser un appel d'offres public ou de faire partie de commissions d'experts, il est moralement plus malaisé de dédaigner une demande venue de la société civile, surtout lorsqu'elle revêt une forte charge émotionnelle, par exemple celle d'une association de déportés ou de résistants, ou de toute autre catégorie de victimes de la guerre (je parle ici de ce que je connais le mieux). Et si tel était le cas – et cela arrive malgré tout assez souvent, tant ce type de demandes est fréquent depuis quelques années –, on ne manquerait pas d'accuser les historiens d'arrogance ou d'insensibilité, une expérience que j'ai faite personnellement, bien que l'Institut réponde du mieux qu'il peut à nombre de sollicitations.

Ensuite, la demande sociale n'est en rien une nouveauté. Ceux qui formulent aujourd'hui des critiques à l'égard des historiens qui l'ont intégrée à leur pratique scientifique oublient que naguère, lorsqu'un historien se prétendait un intellectuel « organique » du grand parti de la classe ouvrière, on le louait pour son sens civique et révolutionnaire élevé, réflexes qui, bien qu'ils soient minoritaires aujourd'hui, n'ont pas totalement disparu. Cela pose en fait la question essentielle du rôle des intellectuels, inusable débat de société. Or, au risque de paraître rétrograde et n'engageant ici que ma seule personne, je ne souscris pas au sacro-saint modèle français qui valorise l'intellectuel comme une voix qui se mêle de ce qui ne le regarde pas. Je préfère, plus modestement, parler de ce que je sais ou crois savoir. Sinon, à mon sens, c'est tromper son monde. C'est faire accroire que le *savoir* parcellaire que l'on détient, comme universitaire, sur un domaine précis, donne une légitimité supplémentaire à ce qui n'est, dans tous les autres domaines, qu'une *opinion*, ni plus ni moins notable que celle de n'importe quel autre citoyen, surtout s'il s'agit d'une position politique ou idéologique qui n'a que faire en général du secours de la science.

Enfin, si je souscris entièrement à l'idée d'une nécessaire autonomie de la science, je ne perds pas de vue que celle-ci est traversée par tous les enjeux sociaux du moment, et qu'une problématique scientifique, surtout dans le champ des sciences humaines et sociales, ne germe pas spontanément dans le cerveau de chercheurs qui seraient hors du temps.

Comment répondre alors, en tant qu'historien, à cette demande ?

C'est bien là la question. Dans une pratique scientifique, le choix de tel ou tel sujet de recherche doit autant que possible être d'abord et avant tout à l'initiative du chercheur ou du milieu scientifique. Mais cela implique aussi d'être attentif aux enjeux sociaux du savoir, aux attentes, afin d'anticiper et de ne pas en être dépendants. Quand ce n'est pas le cas – à la suite de la sollicitation d'un éditeur ayant des préoccupations intellectuelles (il en existe aussi), à la suite d'une question surgie dans l'actualité et non abordée précédemment par la recherche, etc. –, alors il est indispensable, si l'on accepte d'y répondre, que le chercheur entame un dialogue, voire accepte le rapport de forces avec celui qui le sollicite, de telle sorte qu'il *retraduise* la demande qui lui est faite dans les modalités et les termes qui sont les siens. C'est une condition indispensable pour maîtriser la recherche, en particulier la gestion de son temps et sa liberté d'investigation, qui doit être au moins aussi égale que s'il menait une recherche scientifique sans finalité déclarée. C'est l'un des problèmes réels aujourd'hui où l'urgence émanant des médias peut gravement troubler la fiabilité de l'expertise ainsi sollicitée et la liberté du chercheur, ce qui entraîne inévitablement des erreurs d'appréciation, voire des comportements contestables, j'en suis conscient.

En deuxième lieu, je pense que le risque majeur réside dans l'instrumentalisation de l'expertise, c'est-à-dire le fait d'en appeler non au savoir ou à la technique de l'historien, mais à sa position institutionnelle : c'est l'un des problèmes essentiels qui se posent aux historiens, toutes tendances confondues, lorsque des polémiques publiques éclatent sur tel ou tel épisode de l'histoire récente.

En troisième lieu, répondre à une demande sociale signifie que l'on ne va pas simplement proposer des résultats, répondre de manière univoque à des questions souvent fort difficiles. Cela doit signifier présenter la « vérité » mise au jour quelle que soit la teneur de cette vérité, n'en déplaise à celui qui a sollicité la recherche : tant pis pour lui si elle n'est pas conforme aux résultats qu'il escomptait, ce qui n'exempte évidemment pas l'historien de toute responsabilité. Cette vérité doit certes être fondée sur le plan scientifique, mais elle doit s'accompagner, autant que possible, d'une explication quant à ses modalités d'établissement. Elle doit souligner les limites de la réponse ainsi fournie et les incertitudes inhérentes à la discipline même. Répondre à une demande sociale d'histoire, c'est toujours, en dernier lieu et de manière idéale, tenter de rendre compte de la complexité et de l'inachevé qui résident dans toute analyse du passé. Il faut se garder de jouer, en la matière, le rôle d'historiens thaumaturges capables de soigner une crise d'identité ou de légitimité, individuelle, sociale ou nationale.

**Quel
tribunal
pour
l'histoire ?**

« L'Histoire n'avoue jamais », disait Maurice Merleau-Ponty. Or, depuis la tragédie de la Seconde Guerre mondiale, le système du jugement est devenu le dispositif essentiel à partir duquel le négatif, le mal absolu sont représentés. On a commencé par juger des hommes, des criminels de guerre, puis on en est venu à juger indirectement un régime, une idéologie. Hannah Arendt remarquait à propos du procès Eichmann, en 1961, que : « Si l'accusé est pris pour un symbole et le procès, pour un prétexte à soulever des problèmes qui sont apparemment d'un intérêt plus grand que celui de l'*innocence* ou de la *culpabilité* d'une personne, alors la logique exige que nous nous inclinions devant la thèse d'Eichmann et de son avocat, selon laquelle Eichmann devait être cloué au pilori parce qu'il fallait un bouc émissaire non seulement pour la République fédérale d'Allemagne mais aussi pour les événements dont l'Allemagne fut jadis le théâtre et pour tout ce qui les a rendus possibles : l'antisémitisme, le totalitarisme, la nature humaine, le péché originel. » Ne sommes-nous pas aujourd'hui plus que jamais confrontés à cette logique judiciaire où c'est non pas simplement un homme qui est jugé, mais aussi l'Histoire dans son ensemble ?

Depuis quelques années, il semble difficile, en effet, d'échapper à une lecture judiciaire de l'Histoire. Le passé est une source d'enjeux qui s'expriment dans des tribunaux réels ou symboliques. Mais cette mise en procès de l'Histoire, notamment dans de véritables enceintes de justice, concerne essentiellement, pour ne pas dire exclusivement, les séquelles des épisodes les plus tragiques et les plus difficiles à assumer de ce siècle, au premier rang desquels le nazisme et la Seconde Guerre mondiale et, depuis la chute du mur de Berlin, le communisme.

On le voit dans les procès tardifs pour crimes de guerre et crimes contre l'humanité, en France, en Allemagne, en Israël et même récemment en Italie. C'est manifeste dans les actions internationales, juridiques ou politiques, engagées contre certains pays aux fins de demander des réparations, comme celles qui sont menées à l'encontre du Japon ou de la Suisse, à cause de leur attitude durant la dernière guerre. C'est vrai également dans les poursuites menées contre les négationnistes. Certes, ce sont là autant de cas de figures très différents par leur nature ou par leur ampleur. Mais ils ont un point commun : le territoire de l'historien et celui du juge, celui de la connaissance du passé et celui de la norme, faite en principe pour l'action présente et future, et non pour le passé, s'y croisent et parfois se confondent.

La volonté de juger le passé se manifeste aussi dans la pratique de certains écrivains, journalistes, historiens qui se considèrent, consciemment ou non, comme les porteurs de la « vengeance des peuples », selon la célèbre formule de Chateaubriand. Je note d'ailleurs au passage que l'on stigmatise beaucoup plus volontiers l'« historien-procureur » que l'« historien-avocat », alors que le problème est le même : juge, procureur ou avocat, l'historien n'est plus dans son rôle dès qu'il change de robe. À mon sens, il ne s'agit pas là de simples dérives intellectuelles, médiatiques ou commerciales, qu'un rappel à l'ordre et à la « bonne » méthode historique suffirait à circonscrire. D'ailleurs, les mêmes qui, un jour, donnent publiquement des leçons péremptoires à leurs collègues le lendemain succombent à leur tour à l'ivresse médiatique ou à la posture judiciaire. Tout dépend du contexte et des faits en discussion. Les affaires liées à des épisodes de l'histoire récente, qui agitent l'opinion depuis quelque temps, ne se ressemblent pas toutes contrairement aux apparences, d'où le fait que l'on retrouve les mêmes protagonistes dans des situations très différentes d'un cas à l'autre. Cela étonne parfois tant les historiens sont considérés comme un acteur collectif, un groupe homogène, porteurs d'une « vérité » indiscutable.

Certes, il faut dénoncer les dérives – quand dérives il y a –, à la condition de ne pas s'abriter derrière le masque de l'éthique pour faire avancer de triviales positions idéologiques. Mais je crois plus profondément que ce phénomène dépasse le cadre du microcosme médiatique ou intellectuel. Il est pour une part la conséquence d'une attente de l'opinion, attente plus ou moins entretenue de manière artificielle : les ouvrages provocateurs, même lancés par d'habiles campagnes de presse, trouvent un très large public ; les polémiques historiques sont suivies avec intensité, voire avec excitation, comme l'ont bien compris les médias ; les procès, tel celui de Maurice Papon (du moins à ses débuts), suscitent une très forte curiosité. Ces procès réels ou virtuels sont en fait des mises en scène du passé : il n'est guère surprenant que la société du spectacle s'adonne ainsi au spectacle de l'Histoire.

Ces procès correspondent pourtant à une véritable interrogation sur le passé…

Ils sont une traduction singulière et même inédite des questions angoissées posées au passé, au présent ou à l'avenir. Cette judiciarisation du passé appartient bien au temps de la mémoire, elle en est même un élément constitutif qui participe de la mise au présent du passé. Elle ne vise pas des entités historiques abstraites, mais elle concerne des individus précis, vivants ou morts, ou des nations, à qui l'on vient demander des comptes, à tort ou à raison. Les juges, réels ou improvisés, justifient d'ailleurs leur action au nom de la mémoire et, en général, au nom de la mémoire de victimes pour qui justice n'a pas été rendue en son temps. Il ne s'agit plus là du « tribunal de l'Histoire » au sens classique du terme, qui annonce une forme de clôture de l'événement, et montre que la postérité a pris ses distances avec le passé. Il s'agit de tribunaux temporels dont la caractéristique est de maintenir au contraire ce passé *ouvert*, puisqu'il est mis en « délibéré », et de façon récurrente ou permanente. Ces tribunaux sont dans l'illusion que le verdict prononcé, réel ou virtuel, va se substituer au tribunal de l'Histoire, alors qu'il n'a au bout du compte qu'un goût de provisoire, d'inachevé, dans l'attente d'une relance du dossier ou de la polémique. Comme par ailleurs l'imprescriptible est devenu l'une des modalités de notre rapport au passé, et la mémoire du Génocide, l'aune à laquelle toute approche de l'Histoire doit se mesurer, on attend aujourd'hui de voir désignés clairement des coupables, réels ou imaginaires, de toutes les tragédies du siècle que notre époque n'a pas encore assimilées. Et qui dit culpabilité dit tribunal et jugement.

N'est-ce pas ce qui s'est passé avec *Le Livre noir du communisme* ?
Si aucune justice réelle n'a été sollicitée, certains historiens peuvent se croire autorisés à suppléer cette défaillance. C'est ce qui s'est passé, en effet, avec cet ouvrage. Contre l'avis de certains des coauteurs et non des moindres – Nicolas Werth qui a rédigé la partie sur l'URSS, de loin la plus importante en tous les sens du terme, ou Jean-Louis Margolin, qui a écrit les chapitres sur la Chine, le Vietnam, le Laos et le Cambodge, soit à eux deux près de la moitié de cet ouvrage collectif – un des auteurs, Stéphane Courtois, a transformé une

entreprise scientifique légitime, déjà sérieusement menacée par les appétits de l'éditeur, en une entreprise idéologique qui lui a certes assuré un grand succès commercial mais a laissé planer un doute sur le travail accompli, sur un sujet qui méritait un autre traitement. Dans le texte introductif qu'il a rédigé, Stéphane Courtois tentait, avec force acrobaties, de montrer non seulement que le système communiste était criminel par essence, mais encore que ses actes pouvaient entrer dans la catégorie des crimes contre l'humanité, tels qu'ils ont été définis par la législation de Nuremberg, ce qui était, à mon sens, un exercice vain. Alors que les historiens du nazisme tentent depuis Nuremberg de sortir de la logique juridique pour promouvoir une logique historienne, voilà cette grille de lecture appliquée, sans autre précaution, à un phénomène d'une autre nature, inscrit dans un autre contexte et à des pays qui n'ont rien à voir les uns avec les autres, et encore moins avec l'Allemagne nazie. Je précise que ce n'est pas la comparaison établie entre nazisme et communisme qui me semble ici illégitime. C'est plutôt l'usage métaphorique du tribunal qui détourne les questionnements originels. Alors que ce texte introductif ne propose aucune comparaison entre les pays étudiés, ce qui était l'objectif affiché, il recrée de manière artificielle un cadre juridique dont la seule fonction est de formuler un jugement et un verdict qui auraient toutes les apparences fallacieuses non seulement de la morale, mais aussi du droit. Il répond bien ainsi au besoin de notre époque qui souhaite que la narration historique soit enserrée dans des catégories simples, celles qui permettent d'identifier sans hésiter victimes et bourreaux, innocents et coupables. Ce faisant, *Le Livre noir du communisme* a offert,

par la simple existence de quelques pages polémiques sans grande portée scientifique, un échap-
patoire commode à ceux qu'il pouvait à bon droit
déranger au plus profond de leurs convictions de
marbre : une histoire judiciaire est une histoire
où la rhétorique prend le pas sur l'argumentation,
et dans laquelle accusateurs et défenseurs sont,
nolens volens, renvoyés dos à dos.

> **Venons-en à ce qui vous concerne directement, votre refus de témoigner au procès Papon et votre présence à une table ronde organisée par le journal *Libération* avec Lucie et Raymond Aubrac. Nous parlerons de ces deux faits l'un après l'autre, mais je me demande s'il n'y a pas un point commun entre les deux. Car, dans les deux cas, des historiens sont sollicités pour faire la lumière sur ce qu'en langage pudique on nomme des zones d'ombre. Depuis quand les historiens sont-ils des détectives de la vérité ?**

Les historiens mènent des enquêtes, ils ont donc
à faire avec la vérité tout comme les détectives
dont vous parlez. Là s'arrête, à mon sens, la comparaison qui peut tout aussi bien s'appliquer à une
certaine conception du journalisme dit d'investigation. J'ai parlé auparavant de situations où
aucun tribunal réel n'a précédé le travail historique. Lorsque c'est le cas, ou lorsque la justice
entre à nouveau en scène alors que nous sommes
déjà dans le temps de l'histoire, comme dans le cas
des procès Touvier et Papon, alors c'est l'expertise
des historiens qui est sollicitée, et même instrumentalisée, à des fins qui n'ont pas grand-chose à
voir, de mon point de vue, avec la démarche historienne. Et cette tendance à faire appel à des
historiens professionnels pour légitimer des
discours d'un autre ordre n'est pas propre aux
cours d'assises des procès pour crimes contre l'humanité. C'est le seul point commun que je verrai

entre le procès Papon et l'affaire Aubrac. Pour le reste, le procès Papon a été un procès réel, d'une ampleur supposée considérable ; il a concerné un ancien fonctionnaire de Vichy, lequel s'est vu demander d'assumer les actes criminels de tout un régime, voire de toute une époque. La confrontation organisée en mai 1997 et publiée le 9 juillet 1997, par le quotidien *Libération*, entre les anciens résistants Lucie et Raymond Aubrac, d'autres résistants tout aussi prestigieux et des historiens pose un problème infiniment moins important qui concerne la possibilité d'écrire une histoire critique de certains épisodes de la Résistance et, plus profondément, le statut que la Résistance et les résistants peuvent revendiquer aujourd'hui dans la mémoire nationale.

La mise en parallèle de ces deux événements a été faite, avec plus ou moins de mauvaise foi, mais cela ne me gène pas d'y répondre. Un journaliste du *Monde*[16] m'a même demandé – « sur ordre de sa rédaction », a-t-il précisé – pourquoi j'avais refusé de témoigner au procès Papon « dès lors » que j'avais participé à la table ronde de *Libération* avec le couple Aubrac quelques mois plus tôt. Le sous-entendu était transparent : puisque j'avais participé à une sorte de tribunal mettant en cause deux grands résistants, pourquoi refuser de participer à un procès qui allait mettre en cause un ancien fonctionnaire de Vichy ? Passons sur l'amalgame désobligeant, une attitude qui préfère se nourrir de mots volés et détournés que d'une information objective. En réalité, c'est une illustration parfaite du rôle que certains attendent de l'historien : être au service non pas de la vérité, mais de la bonne cause. J'ai répondu à cet égard que la table ronde avait été sollicitée par Raymond

Aubrac lui-même, qu'elle n'a formulée aucun verdict et qu'elle a été le lieu d'un échange libre, courtois, même s'il a pu être rugueux, entre parties consentantes : je ne connais pas beaucoup de tribunaux où c'est l'accusé qui convoque lui-même la cour, décide de sa composition, de la procédure à suivre et de l'éventuelle publication du procès-verbal d'audience et qui, pour finir, ne délivre aucune sentence.

Cela étant, je conçois que cette table ronde ait pu troubler, voire choquer. C'est l'occasion de préciser que je ne pense pas détenir une quelconque vérité établie sur ce que doit être la meilleure éthique de l'historien. Rarement de par le passé, sauf à remonter au XIXe siècle, les historiens n'ont été à ce point des acteurs du débat public, et non pas simplement des observateurs. Chacun de ceux qui sont ainsi concernés réagit avec sa conscience, ses capacités personnelles, ses choix idéologiques et ses limites. Il n'y a pas d'ordre des historiens – une idée qu'il faut par définition bannir –, et l'éthique est avant tout une affaire personnelle, même si, en tant qu'universitaire, je me plie aux règles du métier et à une certaine déontologie, ou du moins je tente de le faire. Mais cela laisse malgré tout une marge d'initiative, donc d'erreurs éventuelles possibles, surtout devant des situations inédites comme celles que nous vivons actuellement. Mais puisque nous sommes tous pris aujourd'hui dans la métaphore du tribunal, il faut alors apprécier les situations au cas par cas, instruire avant de juger, et absoudre ou condamner en toute connaissance de cause, et non se plier aux desseins d'un camp idéologique, politique ou moral.

Les procès pour
crimes contre
l'humanité ne
pouvaient être
de manière égale
à la hauteur des
enjeux respectifs
de la justice,
de la mémoire
et de l'histoire.

Dès le début du procès Papon, des voix discordantes se sont fait entendre. Paul Thibaud, dans *Le Débat*, a parlé d'anachronisme, Alain Finkielkraut, dans *Le Monde* du 14 octobre 1997, a exprimé sa méfiance : « Je ne vois pas très bien quelle vérité judiciaire peut sortir d'un débat où l'accusé sera en quelque sorte son seul contemporain. » Après trois mois d'audience, Éric Conan, dans *L'Express*, titrait un long article : « Procès Papon, il faut en finir ! ». Bref, êtes-vous à votre tour un déçu du procès ?

Il faut d'abord préciser que nous parlons sans connaître encore le verdict, mais après déjà cinq mois d'audience. J'ai été, je crois, et depuis long-temps, notamment dans le livre écrit avec Éric Conan, un des premiers à manifester des interro-gations, pour ne pas dire des doutes réels, sur ce type de procès. Cela étant, le terme même de « déception », souvent employé dans la presse, fait problème : il signifie bien que les attentes exprimées à l'égard d'un tel procès dépassent de très loin le simple désir que justice soit rendue, et de la meilleure manière possible. Il renvoie de façon explicite au caractère spectaculaire de l'événement, comme si un tel procès avait pour objectif de nour-rir notre imaginaire. Un procès n'est en principe ni un film ni une pièce de théâtre qui peut satisfaire ou décevoir, quand bien même il repose sur une forme de théâtralisation. Il n'est pas non plus une leçon d'histoire et ne recèle, à mon sens, aucune portée pédagogique : du moins, c'est la conclusion à laquelle j'aboutis après avoir observé les procès pour crimes contre l'humanité tels qu'ils se sont déroulés en France depuis 1987. En temps normal, un procès pénal peut se révéler exemplaire par la contribution qu'il apporte, du moins en théorie, à une politique de répression et de prévention du crime. Il marque de façon nette ou contribue à réta-blir les frontières du bien et du mal, du tolérable

et de l'intolérable, du possible et du punissable :
c'est bien ce à quoi on assiste aujourd'hui, que ce
soit dans la répression des délits politico-finan-
ciers ou, d'une tout autre nature, dans celle des
crimes pédophiles, où la justice contribue à établir
ou à rétablir une frontière qui s'était brouillée.

Dans le cas des procès historiques, comme ceux de
Klaus Barbie, de Paul Touvier ou de Maurice
Papon, on est dans un autre registre. L'objectif
déclaré, au-delà du jugement d'individus singuliers, est de faire la lumière sur toute une époque,
sur toute une politique. Ces procès ne sont pas
exemplaires au sens où ils chercheraient à préve-
nir d'autres crimes similaires. Ils sont une forme de
réparation tardive, sans doute légitime du point de
vue des victimes, qui doit contrebalancer ce qui a
été mal fait durant l'épuration et les procès d'après-
guerre – ou ce qui est considéré comme tel, un
demi-siècle après, par d'autres générations et dans
un autre univers mental. Ils se veulent une cathar-
sis et un exutoire à l'échelle nationale, une manière
aussi de proclamer à la face du monde que la
nation est capable d'affronter son passé. Par certains côtés, ils ressortissent à la judiciarisation
grandissante de nos sociétés, une tendance qui
voit la justice de plus en plus sollicitée pour régler
des problèmes qui étaient auparavant réglés ou
régulés autrement, et dans d'autres lieux.

Ces procès ont quand même soulevé quelques lièvres ?

Ils ont surtout soulevé infiniment plus de problèmes
qu'ils n'en ont résolus, car ils se sont situés, sans pouvoir y échapper, dans trois registres fort distincts :
celui de la justice proprement dite, qui examine des
crimes précis, définis par des procédures et des
textes précis, et qui ont été commis par des indivi-

dus précis, à l'exclusion de toute autre considération
et de tout autre fait – du moins, si les formes juridiques sont respectées – ; celui de la mémoire nationale, ou plutôt d'une forme de commémoration,
c'est-à-dire d'une interprétation ritualisée du passé,
tributaire des attentes du présent, et dont l'objectif
est d'inscrire ce passé, par toute la force de la loi et
la symbolique du dispositif, dans la conscience collective ; enfin, celui de l'histoire, c'est-à-dire d'une
analyse distanciée de ce même passé, dont l'objectif est de restituer la vérité d'une époque dans son
contexte, dans sa complexité et dans ses ambiguïtés. La justice se pose la question de savoir si un individu est coupable ou innocent ; la mémoire nationale
est la résultante d'une tension existant entre des
souvenirs mémorables et commémorables et des
oublis qui permettent la survie de la communauté
et sa projection dans le futur ; l'histoire est une
entreprise de connaissance et d'élucidation. Ces
trois registres peuvent se superposer, et c'est ce qui
s'est passé dans les procès pour crimes contre l'humanité. Mais c'était d'emblée les investir d'une
charge insupportable : ils ne pouvaient être de
manière égale à la hauteur des enjeux respectifs de
la justice, de la mémoire et de l'histoire. La justice
y a été rendue dans des conditions exceptionnelles,
peu habituelles au regard d'un procès normal, et
même parfois peu acceptables au regard du simple
respect du droit. En même temps, il est apparu
assez vite, même parmi les plus fervents partisans de
ces procès, à quel point il est d'autres lieux et
d'autres formes pour célébrer la mémoire ou écrire
l'histoire. La déception était donc, à mon sens, inscrite au départ dans le projet même du procès
Papon, indépendamment de ses péripéties propres
qui ont accru le sentiment d'assister à un naufrage.

Pourquoi avez-vous refusé de témoigner à Bordeaux ?

C'était une position de principe. Je l'ai écrit dans la lettre adressée au président de la cour d'assises au début du procès, lettre qui a été lue à l'audience. Je ne prétends pas avoir eu la seule attitude acceptable pour un historien, et je ne condamne nullement ceux de mes collègues qui ont accepté de se présenter à la barre. À l'Institut d'histoire du temps présent, quatre chercheurs ont été sollicités pour témoigner à Bordeaux : deux d'entre eux ont décliné l'offre officieusement, un autre, Marc-Olivier Baruch, a accepté et s'est présenté à la barre avec d'autres historiens avec lesquels je travaille depuis toujours, et j'ai fait savoir publiquement que je refusais de venir. Toutes ces attitudes sont respectables et elles ne signifient en rien, comme ont fait mine de le croire quelques journalistes à l'affût, que la discorde régnerait désormais chez les historiens. Et quand bien même aurait-ce été le cas, quelles conclusions aurait-il fallu en tirer ? Que les historiens doivent parler d'une seule voix ?

Mon refus tenait à plusieurs raisons. J'avais déjà été sollicité par certaines parties civiles pour témoigner au procès de Paul Touvier, en 1994. J'avais refusé, contrairement à quatre de mes collègues, en expliquant que, d'une part, je souhaitais conserver ma liberté de parole et d'analyse – ce qui est en principe impossible dès lors que l'on est cité à la barre – et que, d'autre part, le procès me semblait biaisé. En effet, et la suite l'a montré, la nécessité de respecter les formes juridiques et les incriminations définies par le Code et la jurisprudence, invitait à tricher avec les faits, en l'occurrence, à considérer que Paul Touvier, en exécutant les sept otages juifs de Rillieux, le 29 juin 1944 – seul crime pour lequel il a été inculpé et condamné – avait agi en complice du IIIe Reich. C'était inexact, car il avait agi en tant que milicien français, avide de venger Philippe Henriot, exécuté par des résistants, réglant ainsi des comptes internes et non pas directement liés à la « Solution finale » ni commandités par la puissance occupante. Je ne voulais ni me trouver en position de trahir ce que je pensais être la vérité historique, largement fondée sur les sources existantes, ni contribuer à entretenir le paradoxe de ce procès : voulu pour montrer l'ampleur de l'antisémitisme autonome et meurtrier de Vichy et de certaines catégories de Français, il a débouché sur une condamnation pour complicité avec les nazis, ce qui était non seulement faux historiquement, mais aussi fort peu significatif au regard de la mémoire. Tous ceux qui furent fusillés légalement après 1944 – près de mille cinq cents personnes – le furent pour intelligence avec l'ennemi, c'est-à-dire pour collaboration ou complicité avec les nazis : de ce point de vue, le procès Touvier n'avait rien d'original et n'était qu'un avatar tardif de l'épuration.

La situation, en 1997, dans le cas de Maurice Papon, était pourtant différente...

Oui, mais la présence d'historiens à la barre me semblait tout autant problématique. Tout d'abord, j'ai été cité à comparaître par la défense sans en avoir été au préalable averti : je l'ai même appris par la presse avant de recevoir la convocation officielle. Le fait d'être cité par la défense, comme d'autres historiens qui me sont proches, ne me posait ni plus ni moins de problèmes que s'il s'était agi de l'accusation ou des parties civiles. En revanche, il semblait évident que l'appel ainsi médiatisé à des historiens relevait moins d'un souci de pédagogie que d'une volonté de tous bords d'instrumentaliser le savoir, c'est-à-dire de donner une forme d'aval officiel à des interprétations qui étaient, par ailleurs, largement admises, et largement irréfutables. Celles-ci ont même, d'une certaine manière, conditionné l'instruction tout entière. Comment comprendre autrement le fait que l'accusation ou les parties civiles aient demandé à ces historiens d'énoncer des évidences du type : « Oui, Vichy et l'Administration française ont collaboré avec l'occupant », « oui, le régime a bien promulgué une législation antisémite » ? La présence massive d'historiens, une présence entrant dans le cadre de stratégies judiciaires, signifiait que la justice se défaussait sur eux du cadre général, du contexte, comme si la vérité avait eu plus de poids dans leur bouche que dans celle des avocats ou des magistrats, alors que les énoncés étaient, sur le fond, de même nature, à de rares exceptions près, notamment dans la bouche de l'accusé.

C'est d'ailleurs un des points qui me semble le plus poser problème : que signifie rendre compte, sous serment, dans un statut formel de témoin et non d'expert au sens classique du terme, d'un contexte historique, alors que l'historien n'est pas maître de la question posée : l'individu est-il coupable ou innocent ? Un historien n'éclaire pas un contexte sans lien direct avec son questionnement : dès lors que la question posée consistait à déterminer la culpabilité d'un individu, toute l'argumentation, de manière consciente ou involontaire, allait tourner autour de ce qui pouvait permettre d'y répondre, dans un sens comme dans l'autre. La question de savoir si un secrétaire général de préfecture régionale était ou non un acteur important sous l'Occupation, un fonctionnaire décisionnaire, me semble, en tant qu'historien, très secondaire au regard de la question principale, à savoir le fonctionnement d'une telle administration dans son ensemble. Le fait que tel ou tel individu nommément désigné ait été à la tête de tel ou tel service a certes son importance, mais il ne peut constituer en soi la finalité d'une recherche ou d'un questionnement, sauf à ôter toute signification au travail historique, et à l'enfermer dans une érudition aussi gratuite que vaine. Ce n'est évidemment pas le point de vue de la justice, et c'est parfaitement normal.

Par ailleurs, et c'est une objection à mon sens centrale, il me paraît fallacieux de prétendre que les historiens cités l'auraient été à titre d'experts. Autant que je puisse en juger, un expert convoqué par une cour de justice se trouve dans deux situations possibles : soit il vient rendre compte de phénomènes généraux, établis formellement par des lois scientifiques et donc supposés reproductibles en toute circonstance (tout ce qui relève, par exemple, de la balistique ou de la génétique), et il peut donc aider une cour quand bien même il ne sait rien du cas précis qui est jugé ; soit il a directement connaissance du dossier ou de l'accusé, tel l'expert psychiatre qui peut porter un diagnostic, fiable ou pas, sur ce dernier. Or les historiens présents au procès Papon n'étaient ni dans la première situation ni dans la seconde : ils ne pouvaient invoquer des lois universelles ni prétendre connaître le dossier.

Ils n'étaient pas venus pour cela. Robert Paxton a surtout évoqué l'esprit de l'époque, le contexte de Vichy.

Parler du contexte dans un tel… contexte, c'était supposer implicitement, et en toute bonne foi, que ce qui était vrai du cas général (l'histoire globale de la collaboration d'État et de la révolution nationale, le fonctionnement de l'Administration dans son ensemble, etc.) l'était forcément, ou avec de très fortes probabilités, dans le cas précis du secrétaire général de la préfecture de Gironde. Même si les historiens ont presque tous évité de parler directement de Maurice Papon, leur présence à la barre avait pour objectif, aux yeux de la cour, d'opérer cette translation du contexte global au contexte bordelais. C'est oublier que le contexte ainsi restitué est lui-même le fruit d'une *généralisation* faite à partir de situations singulières (des études monographiques, par exemple), et qu'il ne peut en rien fournir des certitudes du même ordre que les lois de la balistique ou de la génétique. C'est attribuer à l'historien une capacité probatoire qu'il ne possède pas, ce dont il est, dans son métier, parfaitement conscient : l'un des plus grands risques de la démarche historique est précisément de succomber à la tentation de la métonymie, de prendre la partie pour le tout et inversement, et de croire que ce qui est vrai dans telle situation l'est forcément dans telle autre, toutes choses étant égales par ailleurs. Son métier consiste précisément à vérifier jusqu'à quel point ces choses sont égales par ailleurs et à déterminer la nature de l'écart pouvant exister entre le cas étudié et l'idéal-type, qui n'est lui-même qu'une construction métaphorique de plusieurs cas singuliers.

Or cette phase essentielle était tout simplement impossible à faire. En effet, contrairement aux experts judiciaires qui ont accès au dossier ou au moins peuvent directement analyser le cas de l'accusé, aucun des historiens cités à la barre – à une exception près, celle de Michel Bergès, dont l'audition a fait tant de bruit – n'a eu, ni de près ni de loin, accès aux documents : c'est interdit par le Code de procédure pénale. Aucun n'a pu exercer son expertise sur le seul terrain qui pouvait avoir quelque utilité, à savoir l'analyse à froid des documents historiques constituant le dossier. Étrange situation quand on y songe : les historiens n'ont pas été sollicités durant la phase d'instruction – du moins très peu, et en tout cas pas ceux qui sont venus à la barre, à l'exception de Michel Bergès – tandis que l'on réunissait les pièces, qu'on en faisait le tri, la critique ; bref, une démarche qui présente des analogies avec l'enquête historique. En revanche, les voilà cités, à grand renfort de tambours, au moment où la procédure judiciaire est la plus éloignée de leur pratique, à savoir l'oralité des débats d'une cour d'assises, au sein de laquelle le poids de la rhétorique judiciaire est considérable, une rhétorique qu'ils ne connaissent pas et qu'ils ne maîtrisent pas.

Supposés informer les jurés d'événements que ceux-ci n'avaient pas connus, les historiens étaient en fait dans la même situation que leurs élèves d'un jour : non seulement ils n'avaient pas non plus connus cette époque pour la grande majorité d'entre eux, mais de surcroît, comme les jurés, ils étaient les seuls à ne pas connaître le dossier puisque celui-ci n'est accessible qu'aux magistrats, aux avocats, aux parties civiles et à l'accusé.

Ils ne connaissent pas le dossier mais ils sont toutefois des investigateurs de choix. Lorsque Robert Paxton vient à la barre, ce n'est pas pour jouer les détectives, c'est pour éclairer la justice sur l'époque durant laquelle se sont déroulés les faits.

Certes, aucun historien n'a cherché à jouer les détectives, mais tous, involontairement ou non, étaient prisonniers du questionnement de la cour :

« La présence
d'un historien
à la barre n'était
légitime qu'à
la condition
de ne pas
connaître et
de ne pas parler
du dossier !

coupable ou innocent. À une ou deux exceptions près (Henri Amouroux et Michel Bergès qui ont parlé plutôt en faveur de l'accusé), tous avaient la crainte que leurs propos puissent alimenter l'argumentaire de la défense, ce qui était parfaitement naturel, surtout au début du procès. Ils étaient, à ce titre, dans la position de la plupart des témoins qui ne pouvaient faire abstraction des conséquences que leur déposition aurait sur le déroulement du procès. C'est le propre de tout témoignage en cour d'assises, et on peut même s'interroger sur le nombre de mensonges, pieux ou pas, proférés durant cinq mois aux audiences de Bordeaux, et de tous côtés. Cette situation naturelle, compte tenu des circonstances, s'est révélée particulièrement délicate dans le cas des historiens, placés dans la position d'énoncer, eux, une vérité indiscutable, une vérité d'expert alors qu'aucune vérité historique ne peut s'énoncer hors d'un cadre d'interprétation et d'un questionnement préalable. Les universitaires ont, par exemple, beaucoup parlé de la collaboration des fonctionnaires, ce qui était normal puisque c'est un fait dominant, que cette collaboration ait été volontaire ou qu'elle ait été acceptée et subie sans états d'âme. Ils ont même, pour une part, contesté à juste titre l'idée que Maurice Papon ait pu, dès sa prise de fonction, en juin 1942, être « au courant de la Solution finale » : l'argument, exact sur le plan historique, n'était pas contradictoire avec une condamnation pour crimes contre l'humanité. En revanche, ils n'ont pas développé spontanément le fait de savoir ce que pouvaient signifier des actes de résistance de la part de ces mêmes fonctionnaires qui avaient participé à des actes criminels, un point d'histoire qui s'avère important pour comprendre la fin du régime de Vichy, et plus encore pour situer le cas de l'accusé, on l'a vu par la suite, et ce, indépendamment de tout jugement de valeur. Le faire aurait été servir, *dans la logique des assises mais pas dans une logique historienne*, la cause de la défense.

C'est précisément là que réside le fossé entre un procès en justice et un procès de connaissance. Non pas que les historiens soient forcément plus impartiaux lorsqu'ils publient des ouvrages ou des articles scientifiques, mais parce que la contradiction, l'argumentation, la réfutation de telle ou telle interprétation ne s'y fait pas dans la contrainte et dans la pression formidable d'une cour d'assises jugeant un cas « historique » en tous les sens du terme. J'ajouterai, pour être franc, qu'il est heureux, au bout du compte, que les historiens n'aient pas été mêlés plus avant dans cette procédure-là. La comparution du seul historien – ou politologue, peu importe – connaissant intimement le dossier, Michel Bergès, a montré, jusqu'à la caricature, les limites évidentes de la cohabitation entre l'histoire et la justice. D'abord, on peut s'interroger sur le fait qu'un universitaire, pour de bonnes ou de mauvaises raisons, considère que son travail doive déboucher sur la mise en cause publique, voire judiciaire, d'un individu : c'est ce qui s'est passé à l'origine, en 1981, lorsque cet universitaire a rendu publics certains documents, lançant ainsi l'affaire Papon. Je ne le juge pas, je ne sais pas ce que j'aurais fait à sa place, même s'il est du devoir de l'historien de trouver la bonne voie entre la nécessaire manifestation de la vérité et le respect minimal des personnes, une voie parfois très étroite, surtout lorsque lesdites personnes peuvent être suspectes de crimes contre l'humanité. On

peut s'interroger ensuite non pas sur le fait qu'il a
changé d'avis en 1997 et considéré que l'on faisait
à Maurice Papon un mauvais procès, mais sur le
fait qu'il a manifesté ses doutes et ses critiques à
l'égard de l'accusation hors des prétoires, devant
les médias, et avant de comparaître. Mais, là
encore, comment lui jeter la pierre, quand certains avocats des parties civiles, plus que d'autres
qui sont également soumis au respect des procédures, ont manifesté un souverain mépris pour les
règles de la justice et pour l'indispensable respect
de la cour. On peut, enfin, s'interroger sur le sens
même de l'expertise de Michel Bergès, fondée
encore une fois, elle, sur une connaissance du
dossier et sur une interprétation qui lui était propre
et qui est discutable, au sens intellectuel du terme.
Dès lors que le propos de ce dernier ne servait
plus la cause qu'elle était supposée défendre à
l'origine, à savoir celle des parties civiles et de
l'accusation, *c'est sa présence même à la barre, en
tant qu'historien*, qui a été fortement contestée
tant par le parquet que par certains des avocats les
plus sérieux des parties civiles, en vertu du fait que
l'intéressé avait confondu son rôle d'historien avec
celui de la justice…
En d'autres termes, la présence d'un historien à la
barre n'était légitime qu'à la condition de ne pas
connaître et de ne pas parler du dossier ! Si tel
n'était pas le cas, alors on le stigmatisait parce
qu'il avait empiété sur des prérogatives qui
n'étaient pas les siennes et appartenaient exclusivement aux magistrats et aux avocats. Le paradoxe, assez éclatant, souligne encore une fois
combien les règles et les pratiques de tels procès
n'ont pas grand-chose à voir avec celles de la
recherche scientifique. Cette situation, de surcroît,

a fragilisé considérablement la parole des historiens, car ils ont fini par apparaître moins comme
des experts que comme des témoins de moralité.
Ce n'est pas par hasard que, dans la chronologie
même des audiences, ils ont été cités juste après et
parfois en même temps que lesdits témoins. Leur
déposition, comme celle de ces derniers, a d'ailleurs
vite sombré dans l'oubli. C'était du coup faire planer un doute sur leurs propos : dès lors que c'était
leur position symbolique d'universitaires qui était
requise, dès lors que leur expertise devait se can-
tonner à de grandes généralités, c'était prendre le
risque de rabaisser leur savoir au rang de simple
opinion, respectable certes, mais sans portée réelle
sur le dossier examiné. La situation était d'autant
plus dommageable que l'expertise historique a été
présentée par la cour non pas comme un élément
incident, mais comme une donnée centrale, ce qui
n'a rien d'étonnant dans un procès dont l'enjeu
était l'Histoire elle-même.

**L'historien devait-il participer à l'instruction et, si oui, auriez-vous
accepté ?**

Si les historiens avaient été associés plus étroitement à l'instruction, une partie des objections que
je tente de formuler auraient peut-être été sans
objet. C'est d'ailleurs, d'une certaine manière, ce
qui s'est passé lors de l'instruction conduite dans
le cas de Paul Touvier. La commission d'historiens, présidée par René Rémond, qui s'est vu
confier la mission par les autorités ecclésiastiques
de faire la lumière sur les complicités dont Paul
Touvier avait bénéficié au sein de l'Église de France,
a été une forme d'instruction parallèle, juges et historiens ayant travaillé en étroite collaboration,
même s'ils poursuivaient en apparence des objectifs

différents[17]. C'est ainsi que certains d'entre eux ont été appelés à témoigner lors du procès Touvier. À l'inverse de ce qui s'est passé pour le procès Papon, ces historiens connaissaient fort bien le dossier. Mais cela n'enlève rien à l'ambiguïté de la démarche.

C'est une situation qui s'est produite également en Allemagne, dans les années soixante, lorsque la République fédérale a décidé de rouvrir des procédures contre les criminels de guerre nazis. Les historiens ont été associés très tôt aux procédures, ils ont aidé à réunir les pièces et les ont aussi utilisées massivement pour des études historiques originales. On est là dans un cas de figure très différent : non seulement le cas de l'Allemagne est autrement plus complexe, compte tenu du poids de la culpabilité engendrée par le nazisme et le Génocide, mais aussi la collaboration des juristes et des historiens s'est faite dans un contexte où l'histoire même de la période nazie était encore en pleine évolution. Celle-ci n'avait pas atteint, à ce moment-là, un degré de maturité suffisant pour fournir aux magistrats des grilles d'interprétation rodées et fiables. En d'autres termes, juristes et historiens cherchaient *ensemble* une vérité qu'ils ont, avec des méthodes et des objectifs différents, contribué à élaborer.

Dans le cas français, et dans le contexte de la fin des années quatre-vingt-dix, la situation est d'un tout autre ordre : la justice française a utilisé, tant bien que mal, les grilles d'interprétation mises au point depuis longtemps par l'historiographie étrangère ou française sur Vichy, et aucun des procès français pour crimes contre l'humanité n'a contribué à faire avancer la connaissance *scientifique* de la période, au contraire des procès allemands, ou même du procès Eichmann, à Jérusalem, en 1961.

Le procès de Nuremberg, en 1945, contre les criminels de guerre nazis, et celui de Tokyo, en 1946, contre les criminels de guerre japonais, n'ont-ils pas marqué une rupture irréversible ? De Nuremberg à La Haye, la continuité n'est-elle pas évidente ?

La rupture est bien sûr importante, et elle invite à remettre dans une perspective historique des procès comme celui de Maurice Papon, ce qui a été très peu fait.

Au lendemain de la guerre, pour la première fois dans l'Histoire, un nombre considérable de tribunaux – internationaux, comme à Nuremberg et à Tokyo, ou nationaux, comme dans les épurations politiques menées dans tous les pays libérés de l'occupation allemande – ont exhumé des documents, ont réfléchi à la nature des événements qui s'étaient déroulés pendant la guerre et ont tenté d'appliquer de nouvelles qualifications pénales, comme le crime contre l'humanité. Ce faisant, cette première vague de procès a offert, *nolens volens*, une première interprétation, une première narration à chaud de l'événement qui venait de se terminer par la défaite du Reich. Cette narration historique d'un genre inédit a *précédé* les premières analyses historiques qui se sont, elles, appuyées très largement sur les documents de ces procès (notamment ceux de Nuremberg) et ont, du même coup, été très fortement influencées par les grilles de lecture juridiques. Par exemple, et de manière notable, l'un des points communs à tous ces procès de la première vague – y compris ceux de Nuremberg – est qu'ils n'ont pas mis l'accent de manière privilégiée sur le Génocide, une caractéristique qui va se retrouver dans les premières analyses historiques, au moins dans le cas français. Les premières histoires de Vichy (notamment celle de Robert Aron, publiée en 1954) se plaçaient sur un terrain très proche de la logique des procès de la Haute Cour de la Libération. Pétain était-il un traître ? Vichy était-il le fruit d'un complot fomenté avant guerre contre la IIIe République ? La question de l'antisémitisme n'y était pratiquement pas abordée et, si elle l'était, c'était de manière marginale, et plutôt comme une conséquence de l'Occupation seule. De même, les premières histoires du Génocide et du nazisme baignaient dans la logique de Nuremberg, dont elles ont utilisé les ressources documentaires exceptionnelles. C'est pour cela qu'elles ont mis l'accent sur l'intention des nazis d'exterminer les juifs dès avant la guerre – au même titre qu'un tribunal met l'accent sur l'intention criminelle, sur la *préméditation* –, en insistant sur le fait qu'Auschwitz était inscrit dans le national-socialisme dès l'origine.

Dans un deuxième temps, à partir des années soixante et soixante-dix, beaucoup d'historiens ont, au contraire, cherché à se dégager de cette logique judiciaire, et ont tenté de comprendre autrement l'événement. Robert Paxton a ainsi rompu avec le paradigme de la trahison de Vichy pour mettre au jour l'importance du projet politique pétainiste et son enracinement dans les élites françaises. De même, en Allemagne, toute une école qualifiée de fonctionnaliste a contesté la grille intentionnaliste et a proposé une autre lecture, dévoilant la chronologie fine des étapes historiques qui ont conduit à l'extermination des juifs européens. Sans prendre parti dans cette polémique, aujourd'hui dépassée, je voudrais simplement souligner que l'histoire de l'Occupation, en France, comme l'histoire générale du nazisme, a éprouvé la nécessité de *rompre avec la logique judiciaire* de la première vague de procès pour avancer. Elle a entrepris de dépouiller d'autres archives que celles qui furent réunies pour les procès d'après-guerre, et elle a offert des grilles de lecture qui ressortissent à une logique historienne et non à une logique juridique et politique.

C'est là qu'intervient un troisième temps, aussi inédit que le fut la première vague judiciaire. On peut l'appeler la seconde épuration. En Allemagne, à compter de la fin des années cinquante, et en France, à compter du début des années quatre-vingt, une seconde vague de procédures a été enclenchée. En France, elle s'est produite très longtemps après les faits, avec les instructions menées contre Jean Leguay, inculpé en 1979 mais mort avant d'être jugé, et surtout son supérieur direct, René Bousquet, inculpé en 1991 et assassiné en 1993. Elle s'est cristallisée autour des procès Touvier, en 1994, et Papon, en 1997 et 1998, autour du procès Barbie de 1987, entrant, lui, dans une autre logique répressive puisque l'épuration n'a concerné, par définition, que des Français. Cette seconde épuration s'est faite sur la base d'incriminations qui n'ont pris cette fois en compte que la question des persécutions antijuives. Or, compte tenu du caractère très tardif de ces procès, compte tenu du fait que l'historiographie de la période, notamment celle qui s'intéresse à Vichy, avait considérablement évolué depuis les années soixante-dix, les magistrats se sont retrouvés ici en position d'utiliser une connaissance historique en partie établie, et non plus en position de la produire directement.

Que pensez-vous du rôle de Serge Klarsfeld ?

Il est emblématique du processus que je décris ici. Il a servi indubitablement la connaissance historique, il a contribué largement au réveil de la mémoire, mais il a eu pour objectif constant le jugement de certains responsables ayant échappé à l'épuration, ou n'ayant jamais été jugés pour le rôle qu'ils ont eu dans le Génocide. Et il s'est voulu, quoi qu'il en ait dit, le bras armé d'une forme de vengeance. Vu son attitude et celle de son fils, Arno Klarsfeld, durant le procès Papon, on peut se demander jusqu'à quel point il a tenté de forcer la main à la cour et de lui faire écrire l'histoire qu'il souhaitait voir écrite par un verdict qui soit le plus justifié à ses yeux : ni acquittement ni condamnation maximale, pour respecter une hiérarchie entre Barbie, Touvier et Papon. Ce n'était pas dénué de fondement sur le plan historique, mais était-ce justifié, et acceptable, sur les plan juridique et judiciaire ? C'est là où la remarque de Hannah Arendt que vous citiez plus haut trouve tout son sens. On ne peut vouloir la justice, mobiliser une cour, des jurés, des avocats, et se comporter comme si tel verdict était la seule solution, sauf à considérer que la justice n'est que l'instrument d'une vengeance particulière et un dispositif presque accessoire au regard de l'objectif poursuivi. À l'heure où on s'interroge à nouveau sur son indépendance, c'était plutôt inopportun.

Ce mélange des genres que l'on trouve entre vengeance et justice, entre mémoire et histoire n'a jamais embarrassé Serge Klarsfeld : il l'a revendiqué dès l'origine. Dans le cas des universitaires, le problème était très différent : comment gérer le fait que, d'une certaine manière, ces procès tardifs ont été rendus possibles par les progrès mêmes de la connaissance historique ? Comment éviter que la justice ne tente d'instrumentaliser des historiens qui avaient précisément fait évoluer cette connaissance ? Certes, la justice a été saisie très tôt, dès

1973, pour les premières plaintes, dès 1979, pour
la première inculpation, c'est-à-dire au moment
même où s'écrivait une autre histoire de la période,
dont elle s'est nourrie. Mais, dans le cas des procès
proprement dits, notamment celui de Papon, qui
s'est déroulé très tardivement, cette connaissance
était déjà largement acquise, et la justice n'a cherché aucunement à proposer une autre grille de lecture que celle des historiens. Elle a simplement
caricaturé à l'extrême certaines interprétations historiques. Ce faisant, elle plaçait ces historiens dans
une position difficile, car aucun des universitaires
cités à comparaître – excepté peut-être Michel
Bergès – ne s'était perçu, dans son travail, comme
un auxiliaire potentiel de la justice, et aucune de
leurs recherches – exceptée l'étude citée sur Paul
Touvier et l'Église – n'avait eu, à l'origine, vocation
à devenir une pièce à conviction.

C'est une situation plus qu'ambiguë, et une raison
supplémentaire qui m'a conduit à refuser de témoigner, compte tenu du type de travail que j'avais
mené personnellement. Comme je m'étais orienté
sur l'histoire de la mémoire de Vichy, le procès
Papon était pour le chercheur que je suis un sujet
en soi de réflexion et d'étude. Et je ne voulais en
aucun cas que les interrogations que ce procès pouvait susciter en moi, au regard d'une histoire de la
mémoire, puissent être formulées en pleine audience,
et pour aider à juger et à condamner éventuellement
un individu. Dans cette même logique, j'aurais probablement refusé de participer directement à une
instruction judiciaire, même si j'aurais accepté d'aider – et je l'ai fait quelquefois – tel magistrat ou tel
enquêteur pour qu'il se retrouve dans la bibliogra-
phie ou dans les archives de la période. En fait, je
crois profondément à la séparation des rôles et des

savoirs, même si les frontières ne sont pas étanches entre le savoir juridique et le savoir historique. Précisons d'ailleurs que ce problème est marginal et exceptionnel : il a certes permis de réfléchir à ce qu'est la nature même du travail de l'historien, il a relancé la discussion sur les rapports ambigus existant entre la justice et l'histoire, mais il n'a concerné que quelques historiens de la Seconde Guerre mondiale, sauf à considérer désormais que l'histoire du XXe siècle tout entier doit s'écrire dans les prétoires.

Et de votre point de vue d'historien, non pas de citoyen, fallait-il faire ce procès, cinquante ans après ?

C'est une question qui ne peut pas être tranchée de manière simple. Dès lors que la justice était saisie, il fallait qu'elle aille à son terme. Le fait, pour le pouvoir, notamment sous le septennat de François Mitterrand, d'avoir freiné les procédures, même si certaines des motivations n'étaient pas illégitimes, a été un désastre sur les plans moral et judiciaire. Il aurait mieux valu, à mon sens, rouvrir un débat national sur la nécessité ou la possibilité de juger des individus si longtemps après les faits. Était-ce politiquement ou juridiquement possible, je ne le sais pas. Les débats parlementaires qui ont eu lieu lors du vote de la loi sur l'imprescriptibilité des crimes contre l'humanité, en décembre 1964, n'avaient suscité aucune réaction dans l'opinion, et personne alors ne voyait les conséquences politiques, juridiques et morales d'une telle décision. Tous les protagonistes de l'époque avaient les yeux fixés sur les criminels nazis en fuite, dont Klaus Barbie, et personne n'avait envisagé alors que cette loi puisse servir de levier pour mener, en France et contre des responsables français, une seconde épuration. On a pris conscience de cela bien plus tard, et même bien après les premières démarches destinées à mettre en application cette imprescriptibilité, qui sont apparues en 1973, après la grâce octroyée par Georges Pompidou en faveur de Paul Touvier. Alors que la prise de conscience n'a cessé de prendre de l'ampleur depuis les années soixante-dix et que le devoir de mémoire est devenu un impératif de plus en plus envahissant, la lenteur des procédures judiciaires n'a fait qu'aviver le besoin de justice qui a fini par déboucher sur ces procès tardifs. À ce stade, un non-lieu n'aurait certainement pas été compris, le précédent de l'arrêt Touvier, du 13 avril 1992, ayant suscité, à juste titre, une émotion considérable. Ces procès étaient donc inévitables, ne serait-ce que par respect de la justice, dès lors que la machine était lancée. La seule question est donc de s'interroger sur leur déroulement et plus encore sur leur portée.

À cet égard, je mettrais d'abord en exergue, en tant qu'historien et en tant que citoyen, la seule avancée positive qui me semble incontestable dans ces procédures : celles-ci ont permis d'affiner la notion de « crime contre l'humanité », de lui donner une réelle substance non seulement sur le plan juridique, mais plus encore sur les plans culturel et politique. La seule victoire réelle, à mon sens, de ceux qui ont voulu ces procès tardifs, c'est le fait que, après la guerre en ex-Yougoslavie, un tribunal international a pu être saisi et a pu fonctionner sans attendre les dilemmes qu'engendre par définition l'absence de prescription. Ainsi, l'imprescriptibilité sur le plan juridique me paraît un problème second, sinon secondaire : mieux vaut juger les criminels le plus vite possible que d'attendre qu'ils ne tombent clandestinement dans les oubliettes de l'Histoire, d'où il est fort difficile,

et finalement peu souhaitable, de les déloger.
De même, je n'ai rien à dire au regard des victimes
ou de leurs descendants si ceux-ci estiment que
justice leur a été rendue.

Pour le reste, je l'ai écrit depuis longtemps, ces
procès n'ont contribué en rien à une meilleure
connaissance scientifique de la période, bien au
contraire, même s'ils ont sans doute – c'est à chacun d'en juger – permis une certaine sensibilisation
de l'opinion. Mais doit-on s'offrir des procès pour
délivrer des leçons d'histoire ? Que fera-t-on désormais ? On perd parfois de vue que le rôle d'un procès est de contribuer à une anamnèse avant de
clore le dossier : c'est jugé, c'est fini. Or cette clôture, on l'a vu, est insupportable au regard du
devoir de mémoire tel qu'il est compris aujour-
d'hui. Quelle sera donc la prochaine étape, et quelle
nouvelle surenchère va-t-on nous proposer ?

Alors, après le procès Papon, Vichy sera-t-il un passé « qui est passé » ?

J'en doute fort, même si je peux parfois le déplorer, non pas au nom d'un criminel désir d'oubli,
mais parce que je suis convaincu que la religion de
la mémoire ou l'obsession du passé sont une forme
d'impasse, je l'ai dit. Assumer le passé, à mon
sens, cela signifie vivre avec l'incertitude qu'il nous
lègue, avec le fait que les dilemmes qui n'ont pu
être tranchés à l'époque doivent rester tels quels
dans la mémoire et la postérité. On ne peut, rétrospectivement, offrir une bonne réponse à la question de savoir si la légitimité politique, entre 1940
et 1944, était à Vichy, à Londres ou dans le
Vercors, sauf à proclamer une profession de foi.
Oui, pour moi comme pour la majorité des
Français d'aujourd'hui, cette légitimité était à

Londres et sans doute plus encore dans le Vercors : c'est assez facile à dire et à écrire en 1998. Mais en niant du coup, au nom d'une morale politique respectable et même souhaitable, la légitimité réelle, même si elle était *de facto*, de Vichy, je retombe dans les travers du « résistancialisme » contre lequel s'est élevé le devoir de mémoire des trente dernières années. Les clivages de l'époque, l'existence d'une ou de plusieurs France ne peuvent être effacés d'un trait de plume juridique ou judiciaire. Les dilemmes de l'épuration et de ses imperfections, criantes avec le recul, ne peuvent être réparés cinquante ans plus tard, sauf à les recréer dans un contexte anachronique, d'où est absente toute idée d'urgence et de reconstruction morale et politique. Ce que la France a aujourd'hui du mal à affronter, ce n'est pas tant son passé que le fait de devoir vivre avec une fracture qu'aucun procès, aucune commémoration, aucun discours ne viendra réparer. Affronter et accepter l'irréparable, tel est à mon sens le véritable enjeu de notre génération et celui des générations futures.

Vous êtes donc d'accord avec Hannah Arendt : oui, pour juger un homme ; non, pour juger un régime ou la nature humaine.

Oui, mais avec le procès Papon, ni l'un ni l'autre n'ont été bien faits. La France s'est retrouvée prise dans un dilemme inédit dès lors que, en lieu et place du tribunal de l'Histoire, on a réuni à nouveau un tribunal bien réel. Peut-on sérieusement mettre en doute le fait que le régime de Vichy a été condamné par l'Histoire ? Tous les sondages, notamment ceux qui ont été réalisés à l'ouverture du procès, montrent à quel point une majorité de Français (près des trois quarts) se retrouvent pour considérer ce régime, et tous ceux qui l'ont servi, comme l'une des taches les plus noires de l'histoire de France. Une très large majorité condamne ce régime d'abord et avant tout à cause des persécutions antisémites qu'il a menées et à cause de son rôle, clairement établi depuis maintenant près de vingt ans, qu'il a joué dans l'application de la « Solution finale » en France. Jamais, depuis la fin de la guerre, le régime n'avait fait une telle unanimité contre lui, jamais les bases sur lesquelles on le juge moralement n'avaient été aussi claires au regard de l'importance que revêt la question centrale du Génocide. Même l'existence d'une minorité proche du Front national, et qui manifeste de l'indulgence voire de l'enthousiasme à l'égard de Vichy, ne peut faire perdre de vue cette évolution, très sensible en cinquante ans.

Cela signifie que la prise de conscience a été réelle, même si elle n'est en rien définitive ou idéale. Cela signifie bien que le tribunal de la postérité a jugé, indépendamment des tribunaux réels, lesquels sont intervenus bien après cette prise de conscience nationale. Je ne suis pas d'accord pour dire qu'il a fallu attendre les procès pour crimes contre l'humanité à l'encontre de Français pour voir cette prise de conscience se faire, même si, encore une fois, ils ont contribué à une sensibilisation – mais de quelle nature ? –. Prétendre que, jusqu'en 1994, date du procès Touvier, ou même jusque dans les années quatre-vingt, date du lancement des procédures, les Français auraient été pris dans une totale ignorance ou auraient été en proie à une coupable indulgence envers Vichy ne résiste pas une seconde à l'analyse.

De mon point de vue, le fait de rouvrir un ou plusieurs procès a eu quelque chose d'incongru. Il a pu donner le sentiment – évident durant le procès

Papon – qu'il fallait questionner une nouvelle fois un dossier qui était largement tranché dans l'opinion. On a pris ainsi le risque, à travers l'examen complexe, très largement confus, fort lent et difficile, d'un cas individuel, de susciter à nouveau des interrogations, alors qu'une bonne part des réponses était déjà admise. Dans le contexte de l'épuration, aucun cas n'était exemplaire, c'était la masse des dossiers instruits qui a fait sens et qui a donné une idée ample, même si elle était limitée aux enjeux de l'époque, de ce qu'ont été la collaboration et le pétainisme. Un demi-siècle plus tard, Maurice Papon était censé, dans l'esprit de beaucoup, représenter à lui seul toute une époque et tout un régime : les interrogations que son cas a suscitées, parce qu'il était complexe, isolé et tardif, constituent en elles-mêmes une forme de régression au regard de la connaissance historique, dès lors qu'elles prenaient, qu'on le veuille ou non, valeur d'exemple surmédiatisé et surexploité. Le fait d'affirmer que l'accusé était informé – dès juin 1942, selon l'acte de renvoi – de la « Solution finale », sans pour autant en apporter la preuve formelle, a jeté un trouble, comme si le problème était à l'époque aussi simple que le veut une rhétorique de justice (il savait ou il ne savait pas), méconnaissant ainsi toutes les attitudes intermédiaires, toute la difficulté de répondre avec certitude à une telle question, ce qui est quasi impossible. De même, nier, comme l'a fait l'accusation, ses actes de résistance a contribué à jeter le trouble dans l'opinion lorsque d'authentiques résistants sont venus témoigner en faveur de Maurice Papon. Comment, a-t-on entendu, pouvait-on à la fois être un rouage administratif de la persécution des juifs et un élément de la résistance à l'occupant ? La réponse était pourtant connue de longue date. De très nombreux fonctionnaires de Vichy sont effectivement passés de la fidélité au régime à la dissidence, puis à la Résistance : on l'a vu avec le parcours de François Mitterrand. C'est même un élément important qui montre – indépendamment du jugement moral porté sur de telles attitudes – quelle était la nature poreuse du régime et quelle était la nature composite de la Résistance. D'où le risque majeur de faire de Maurice Papon un cas exemplaire au sein d'une cour de justice. Dans l'éventualité d'un acquittement ou même d'une peine légère, cela doit-il signifier que Vichy est acquitté ou partiellement dédouané ? De surcroît, l'exemplarité du cas, déjà discutable en soi, recelait des risques dus à la conjoncture même du procès. Pouvait-on sérieusement soutenir que les crimes commis sous l'autorité de Maurice Papon durant la guerre d'Algérie constituaient une forme de récidive de ceux qui furent commis sous l'Occupation, comme le sentiment en a été donné aux audiences de Bordeaux, prises dans la logique des assises ? Certes, Maurice Papon représente une forme de continuité administrative assez exceptionnelle bien que non isolée. Mais ses supérieurs, ceux qui ont donné les ordres ou les ont couverts ? Peut-on faire ainsi l'équation entre les rafles antijuives de 1942-1944 et les massacres d'Algériens de 1961, et donc entre Pétain et de Gaulle ? Absurde ! Sans doute suis-je pessimiste, mais j'ai le sentiment, après toutes ces confusions, que les historiens devront reprendre un travail de pédagogie et d'explication qu'ils pouvaient légitimement – mais sans doute à tort – croire déjà largement avancé.

Revenons à l'affaire Aubrac. En guise d'épilogue, Jean-Pierre Vernant, qui participait à la table ronde de *Libération*, a déclaré : « L'expérience m'a appris que dans le cours des événements historiques, dans les comportements des hommes, et même concernant chacun de nous, dans ses motivations, il est des questions que l'on se pose, y compris sur soi-même, sans pouvoir trancher, et où la réponse est : je ne sais pas ». Que vous a appris ou désappris votre présence à cette table ronde ? N'avez-vous pas l'impression d'avoir participé à une mise à mort symbolique d'un couple de grands résistants ?

Si mise à mort il y a eu, c'est plutôt celle d'une certaine conception de la mémoire de la Résistance, qui préfère la légende à la vérité, l'histoire sainte à l'histoire critique. Et si cela a été fait dans de telles circonstances, Lucie et Raymond Aubrac en sont autant responsables que les historiens ou les journalistes. Par ailleurs, je suis entièrement d'accord pour constater, le cas échéant, les limites inhérentes à toute recherche de la vérité. C'est même, pour une part, la conclusion à laquelle j'ai abouti et que j'ai publiquement exprimée dans cette affaire.

Rappelons brièvement le contexte de cette table ronde. Elle a été organisée à la demande expresse de Raymond Aubrac, lequel avait été gravement mis en cause par un ouvrage à sensation de l'historien et journaliste Gérard Chauvy[18]. Celui-ci a utilisé, entre autres sources, le testament de Klaus Barbie, un long document très peu crédible, sans doute rédigé par l'avocat de ce dernier, Me Vergès. Ce texte accuse Raymond Aubrac d'avoir trahi et d'avoir permis l'arrestation de Jean Moulin, le 21 juin 1943, à Caluire, avec d'autres responsables de la Résistance, dont Raymond Aubrac lui-même. Il faut préciser à cet égard que cet épisode est l'un des plus controversés de l'histoire de la Résistance, et qu'il a donné lieu, de manière récurrente, à de très nombreuses polémiques depuis un demi-siècle. Les derniers développements n'ont d'ailleurs rien apporté de très neuf, ni sur les faits ni sur la nature des accusations portées, qui sont, jusqu'à preuve du contraire, sans fondement. Gérard Chauvy a également utilisé un dossier judiciaire constitué par le juge d'instruction Hamy, à la suite de nouvelles plaintes déposées contre l'ancien nazi, après son procès de 1987, et qui recèle de nombreuses pièces relatives à l'histoire de la Résistance entre 1943 et 1944.

Ces documents n'avaient pas été publiés, mais ils étaient connus : Raymond Aubrac lui-même les avaient largement diffusés en 1989, y compris le texte de Klaus Barbie, alors qu'il était déjà la cible d'une campagne menée par Me Vergès. À l'époque, dans le contexte du procès Barbie et de ses suites, peu d'historiens avaient eu l'idée ou l'envie d'examiner de près ces documents que Gérard Chauvy a été l'un des premiers à exploiter de manière systématique. On peut l'en créditer mais on peut également lui reprocher de l'avoir fait sans recul et sans regard critique suffisant, afin de soutenir des hypothèses univoques qui laissaient, en définitive, planer un doute sur une possible trahison de Raymond Aubrac. Pour appuyer sa démonstration, et comme l'avait fait en son temps le juge Hamy qui recueillait alors la déposition spontanée de Raymond Aubrac, Gérard Chauvy a relevé notamment des contradictions dans les déclarations faites par Raymond Aubrac sur les circonstances de ses arrestations. Celui-ci a été, en effet, arrêté une première fois en mars 1943 ; il a bénéficié d'une mise en liberté provisoire ; il a été arrêté une seconde fois, le 21 juin 1943 ; et il a réussi à s'évader grâce à l'action d'un groupe de résistants conduit par sa femme,

Lucie Aubrac, en octobre 1943, dans des conditions particulièrement périlleuses. Les déclarations en question ont été faites tant à l'époque, notamment à Londres puis à Alger, en 1944, c'est-à-dire dans le feu des événements, que longtemps après, notamment dans ses Mémoires, parus en 1996.

La table ronde organisée par *Libération* avait été réclamée par Raymond Aubrac qui souhaitait que les « spécialistes » puissent donner leur sentiment sur cette affaire. Celle-ci s'est déroulée durant toute une journée, au siège du journal, le 17 mai 1997. Elle a été publiée, presque *in extenso*, le 9 juillet 1997, soit plus de sept semaines plus tard, dans un supplément qui revêtait clairement un caractère exceptionnel, notamment par la mise en page, la publication de photos, etc. Durant cette phase de gestation, les différents protagonistes ont, pour une part, amendé et précisé leurs interventions orales, et c'est d'ailleurs à ce stade que les conflits ont été les plus vifs, plus encore que durant la table ronde elle-même. C'est manifeste quand on lit la série d'articles publiés après le 9 juillet par *Libération*[19], et dans lesquels chacun des protagonistes exprimait son sentiment sur cette table ronde tant sur le fond que sur la forme.

Outre Lucie et Raymond Aubrac, la table ronde a réuni plusieurs historiens (Maurice Agulhon, Jean-Pierre Azéma, François Bédarida, Laurent Douzou, Dominique Veillon et moi-même) ainsi que deux autres résistants de renom : l'historien Jean-Pierre Vernant et Daniel Cordier, ancien secrétaire et biographe de Jean Moulin. Elle était animée par deux journalistes de *Libération* : Béatrice Vallaeys et Antoine de Gaudemar.

Une fois publiée, cette table ronde a soulevé une polémique assez vive. Certains historiens – dont

quelques-uns avaient accepté de participer à cette
table ronde – ont reproché publiquement à leurs collègues de s'être livrés à une « déplorable leçon d'histoire », d'avoir joué les « inquisiteurs », d'avoir
insuffisamment étudié le dossier, d'avoir posé des
questions scandaleuses, et même « déshonorantes ».
Ils visaient en particulier une question, soulevée par
Daniel Cordier et non par un universitaire, portant
sur l'arrestation des parents de Raymond Aubrac,
qui s'est produite en décembre 1944, après son évasion. Il s'agissait de savoir si l'on pouvait établir un
lien entre cette arrestation – qui s'est terminée par
la déportation des parents et leur disparition dans
les camps de la mort – et le fait de savoir si, d'une
manière ou d'une autre, l'identité réelle du couple
Aubrac avait été percée à jour par les nazis. La
question n'était donc en rien gratuite, au regard du
dossier, même si elle pouvait paraître choquante.
Après des échanges soutenus, parfois même tendus
mais jamais désobligeants, il en est ressorti trois
choses – je vous livre là mon point de vue personnel : *primo*, l'accusation de trahison ne tenait pas,
et elle était même infâme, cela a été dit explicitement
à plusieurs reprises et par tous les participants ;
secundo, il était difficile de ne pas constater que
Raymond Aubrac s'était effectivement contredit à
plusieurs reprises sur les circonstances de sa déten-
tion, et même que certains de ses compagnons
avaient, bien des années après, commis des inexactitudes importantes, notamment sur le fait – avéré
– que la Gestapo de Lyon savait qu'elle détenait
« Aubrac », pseudonyme d'un responsable de rang
élevé de l'armée secrète ; *tertio*, Lucie Aubrac a
reconnu, à plusieurs reprises, que la manière dont
elle avait relaté dans divers ouvrages ses tentatives
destinées à faire libérer Raymond Aubrac, après sa

première arrestation, en mars 1943, et l'évasion
réussie d'octobre 1943, recelait ici ou là quelques
arrangements avec la vérité, dus à sa tendance à
fabuler, ce sont ses propres termes.

**Comment interprétez-vous les critiques qui ont été formulées à
l'encontre de cette table ronde ?**

Tout d'abord, il faut préciser que cette table ronde
n'a pas suscité que des critiques, même si celles-ci
ont été les plus visibles, ce qui est normal en ce genre
de circonstance. Ces critiques relevaient ensuite de
registres différents : sur la matérialité des faits, sur
la nature des questions posées, sur la nécessité
d'une telle démarche et, enfin, sur les modalités
voire sur le principe même de la table ronde.

En ce qui concerne les faits, et sans entrer dans le
détail d'une affaire complexe, je ne peux, en ce qui
me concerne, que redire ce que j'ai dit et écrit à l'occasion de cette table ronde : d'une part, l'idée
d'une trahison m'a paru, au vu des documents,
sans fondement ; d'autre part, j'ai constaté, comme
d'autres, que Raymond Aubrac avait fait des déclarations contradictoires et je m'en tenais à ce
constat, qui était d'ailleurs déjà largement public
avant même la tenue de cette table ronde. En l'absence d'autres éléments, et au vu des réponses de
l'intéressé qui déclarait ne pas pouvoir les expliquer, je me suis interdit d'en tirer une quelconque
conclusion. Le reste est d'une autre nature.

J'ai été, par exemple, étonné de la violence de certaines critiques et du fait que des collègues proches
se soient publiquement exprimés sans s'informer au
préalable, ou en prenant leurs informations uniquement auprès des Aubrac, ce qui semblait
condamner sans appel et même sans audition une
partie de leurs collègues, dont j'étais, qui avaient

participé à la table ronde : on voit là fonctionner à rebours la métaphore du tribunal que les mêmes, par ailleurs, déplorent. À mon sens, cette attitude, peu impartiale, a résulté du fait que Lucie et Raymond Aubrac, de par leur dimension, de par leur popularité (due en partie au film de Claude Berri), sont considérés comme intouchables, y compris par des historiens professionnels, et en dépit des questions que leur parcours peut poser à ces derniers. Parce qu'ils ont été des compagnons de route du Parti communiste (et sans doute beaucoup plus en ce qui concerne Raymond Aubrac) et, alors même que cette dimension n'a pas été évoquée par les historiens ni de près ni de loin durant la table ronde, s'interroger sur leur histoire, c'était porter atteinte à un tabou, et faire œuvre d'anticommunisme primaire, pire encore ébrécher des légendes aujourd'hui nécessaires. Il y a quelques années, lorsque Daniel Cordier avait révélé à quel point un autre grand résistant, Henri Frenay, connu, lui, pour son anticommunisme farouche, avait été en 1940 un maréchaliste convaincu, seuls les milieux de la Résistance s'en étaient émus. Les historiens avaient même très largement soutenu la démarche et les analyses de Daniel Cordier, y compris certains qui ont protesté contre la table ronde de mai 1997, parce qu'elles étaient tout simplement fondées sur le plan historique. Pourquoi serait-ce plus légitime de mener des investigations sur des résistants de droite que sur des résistants de gauche ? De surcroît, l'argument du mythe nécessaire, surtout lorsqu'il est invoqué par des chercheurs ou des intellectuels, laisse rêveur : c'est précisément en refusant de souscrire à des mythes nécessaires qu'une nouvelle perception de la période de l'Occupation a pu voir le jour dans les années soixante-dix. C'était très exactement l'argument invoqué officiellement, entre 1971 et 1981, pour justifier l'absence de diffusion du *Chagrin et la Pitié* à la télévision française. La mémoire de la Résistance a, au contraire, tout à gagner en acceptant d'être soumise au regard critique des historiens. Peut-être cela doit-il entamer quelques réputations individuelles, et incliner à plus de circonspection à l'égard de certains récits d'anciens résistants. Peut-être cela doit-il nous faire perdre cette habitude de considérer que tel ou tel héros est, à lui seul, représentatif de toute la Résistance, qui fut, on le sait, « plurielle » et même très divisée sur le plan idéologique. Mais je ne vois pas bien ce que la Résistance, le projet universel qu'elle a représenté, l'idéal de liberté qu'elle a défendu, aurait à craindre du regard critique jeté sur certains de ses membres. De même, il me semble très naïvement que le devoir de vérité fait précisément partie de l'idéal de la Résistance, qui s'est battue contre le mensonge.

Tout dépend de ce que l'on entend par vérité. La vérité, à mon sens, est un processus, ce n'est pas un fait isolable. L'historien désigne-t-il les faits ou un événement comme exacts ?

Certes, la vérité est un processus... mais les chambres à gaz ont existé : quel que soit le processus utilisé pour aboutir à ce constat d'évidence, il faut bien, en définitive, affirmer qu'il s'agit là d'un fait exact. De même, la vérité ou le mensonge ne se diluent pas dans ledit processus : on peut dresser toutes les nuances possibles, prendre toutes les précautions de méthode nécessaires, au bout du compte ce n'est pas la même chose de dire qu'un tel a trahi et que tel autre non. Pourquoi, d'un côté, le fait d'affirmer, au vu des pièces existantes, que Raymond Aubrac n'a jamais trahi à Caluire serait-il une vérité audible et parfaitement légitime et, de l'autre, considérer que mettre en évidence ses contradictions manifestes – sans prétendre aucunement qu'elles résultent de comportements « fautifs » – serait-il une attitude indigne ?

À cet égard, je récuse l'argument selon lequel l'historien devrait s'interdire, en toute circonstance, de porter un jugement sur des acteurs de l'Histoire : on revient là sur notre propos de départ, et sans qu'il y ait contradiction de ma part. Dès lors que ces acteurs, devenus des témoins, sont mes contemporains, dès lors que le jugement ainsi porté vise *non pas leurs actes passés mais leurs propos d'aujourd'hui*, dès lors que ce jugement peut s'exprimer dans la contradiction et hors d'un quelconque tribunal ou jury d'honneur – ce que n'a pas été cette table ronde, même si les résistants qui l'ont souhaitée ont pu l'envisager ainsi –, je ne vois pas au nom de quoi je devrais les considérer comme des individus irresponsables, ayant la faculté de faire ou de dire ce que bon leur semble, sous prétexte qu'ils ont été d'authentiques héros. Je n'ai formulé aucun jugement d'aucune sorte sur l'attitude de Lucie et de Raymond Aubrac *pendant* la guerre. En revanche, étudier en historien la fragilité des témoignages ne m'empêche pas, en tant que citoyen, de contester les discours *actuels* d'une résistante qui prétend défendre un devoir de mémoire tout en expliquant qu'elle s'accorde le droit de prendre des libertés avec la vérité historique. Lucie Aubrac, qui mérite toute notre estime pour les actes accomplis en 1943, ne peut refuser qu'un historien lui objecte qu'il n'est pas d'accord avec sa conception présente de la mémoire de la Résistance, d'autant qu'elle n'a cessé de proclamer *urbi et orbi*, et depuis des années, que seuls les témoins détiennent la vérité historique

Les résistants
calomniés
ont commis
l'erreur de croire
qu'il serait facile
d'intimider et
d'instrumentaliser
des historiens.

et que les historiens ne peuvent rien comprendre à l'expérience de la Résistance. Sauf à considérer qu'elle doit leur tenir la plume ou les mettre « sous haute surveillance », comme l'a si bien écrit l'historien Pierre Laborie[20] : c'est une tendance naturelle que certains acteurs de l'Histoire adoptent vis-à-vis des historiens du temps présent, et qui fait partie des risques du métier. Il faut y résister sans la moindre faiblesse, quel qu'en soit le prix à payer.

En réalité, le fond du problème réside bien dans le rôle que le couple Aubrac a voulu faire jouer aux historiens, sollicités pour poser des questions sans complaisance, « à l'américaine » avait même précisé Raymond Aubrac, comme le rappelle l'article introductif à la table ronde. Ce qui est tout à son honneur. Cependant, à tort ou à raison, les résistants calomniés ont pensé qu'ils pouvaient se servir de la légitimité des universitaires ainsi conviés pour se sortir d'une situation embarrassante. Ils ont commis l'erreur de croire qu'il serait facile d'intimider et d'instrumentaliser des historiens qui allaient, à l'évidence, se retrouver dans une position délicate. Éviter les points sensibles, qui faisaient déjà de toute manière l'objet, depuis plusieurs mois, d'une polémique publique, aurait été, pour les historiens en question, se couvrir de ridicule et apparaître précisément comme complaisants. Les évoquer signifiait pousser la confrontation aussi loin que possible, avec les risques d'apparaître comme des inquisiteurs, ce qui n'a pas manqué de se produire.

Quelles leçons en tirez-vous ?

Je ne regrette pas d'avoir participé à cette table ronde, même si ce ne fut facile pour personne. Mais je ne referai sans doute pas un exercice

similaire dès lors que l'enjeu proprement historique est aussi mince. En effet, si l'hypothèse de la
trahison est écartée, le reste – les déclarations
contradictoires de Raymond Aubrac ou les arrangements avec la vérité de Lucie Aubrac – ne me
semble pas mériter une telle attention de la part des
historiens. Si j'ai accepté malgré cela de participer
à cette confrontation, c'était pour résoudre un
dilemme désormais classique que rencontrent les
historiens du temps présent lorsque de telles polémiques éclatent. Se taire, face à la dispute générée
par la publication de l'ouvrage de Gérard Chauvy,
ce serait se faire complice d'imputations pour une
large part infondées : encore une fois, Raymond
Aubrac n'a cessé de réclamer publiquement, et
avec insistance, que les spécialistes de la Résistance,
à commencer par ceux de l'IHTP, prennent position
dans cette affaire, comme ils l'avaient fait en
d'autres occasions, notamment lorsque Jean Moulin
avait été accusé par un journaliste « d'investigation
historique »[21], sans la moindre preuve, d'avoir été
un agent soviétique. Intervenir dans la polémique,
donc dans l'urgence, c'était prendre le risque de ne
pas pouvoir maîtriser son discours. Autant j'admets
que cela ne permet pas, en effet, de faire de la
bonne histoire, autant je considère que la critique
doit alors s'appliquer en toute circonstance : on ne
peut pas, dans un cas, dénoncer l'urgence et, dans
un autre, considérer que la cause vaut la peine de
se jeter tête baissée dans la polémique, comme le
font beaucoup d'historiens dans toutes les affaires
relatives aux souvenirs conflictuels de la Seconde
Guerre mondiale. Il faut être conséquent ou
admettre que la critique ou l'éloge, en de telles circonstances, sont le fruit de parti pris idéologiques,
suivant que la cause est bonne ou moins bonne.

De ce point de vue, la critique la plus fondée émise à l'égard de cette table ronde réside non dans la dénonciation de son principe mais dans celle de ses modalités : un quotidien était-il le lieu le plus adéquat pour une telle rencontre ? Peut-être pas. Mais il faut alors ajouter que tous les participants ont eu, en la matière, une part de responsabilité. Le journal a cherché à faire, à l'évidence, un coup médiatique : c'est la nature même du journalisme, même si je tiens à préciser qu'il a respecté les souhaits et les propos de tous les participants. Raymond Aubrac a réclamé cette rencontre et il a voulu, tout naturellement, lui donner une grande publicité, compte tenu de la nature publique de la polémique ; pourquoi injurier ensuite les historiens qui s'étaient prêtés à cet exercice difficile dès lors que le résultat n'était pas à la mesure de ses attentes ? Les historiens proches des Aubrac conviés à la table ronde se sont pratiquement tus durant toute la rencontre ; pourquoi, ensuite, déclarer sous la pression que celle-ci avait été un scandale ? Pourquoi ne pas rester dans la même réserve ? Les autres historiens, ceux qui ont été mis en cause et dont je fais partie, ont accepté cette table ronde parce qu'elle leur permettait, publiquement, de prendre position et de sortir du prétendu silence complice. Nous avons tous, sans conteste, sous-estimé l'impact d'une telle publication et les effets d'image qu'elle allait produire, dans un sens comme dans l'autre, et nous avons tous été pris dans une dynamique dans laquelle il était difficile, pour les raisons expliquées plus haut, de rester entièrement serein et distant – ces dernières remarques n'engageant ici que moi.

Toutes les questions étaient-elles légitimes ?

On nous a reproché d'avoir posé la question sur les parents et surtout de l'avoir publiée. Sur ce point, je reconnais volontiers – mais tous les participants de la table ronde ne sont pas forcément de cet avis – qu'elle était plus que délicate, et touchait sans doute à une limite que l'historien doit éviter de transgresser, pour des motifs qui tiennent surtout au respect des personnes, de leurs drames vécus et de leur souffrance individuelle. Mais outre le fait que c'est un *résistant*, c'est-à-dire un pair, un égal du couple Aubrac, qui a mis cette question sur le tapis et non un historien, il faut savoir que nous avons été quelques-uns à demander à ce qu'elle ne figure pas dans la publication, une demande à laquelle Daniel Cordier a volontiers accédé, alors même que l'on peut penser que la réponse à cette question avait son importance pour comprendre les détails des faits. Or c'est Lucie Aubrac elle-même qui a refusé formellement que cette question soit retirée du texte publié.

On en tire les conclusions que l'on veut. Mais cela montre à quel point s'est établi progressivement un rapport de forces, non pas seulement pendant la table ronde elle-même, mais durant les sept semaines qui ont précédé la publication des débats, parce que les principaux intéressés avaient pris conscience que celle-ci ne leur était pas favorable, et parce que les historiens se sont crispés à se voir ainsi traités comme de simples faire-valoir. Ce rapport de forces s'est établi en premier lieu entre les résistants eux-mêmes : c'est un point crucial qu'aucun article critique n'a relevé, ce qui est pour le moins étrange, surtout de la part de spécialistes de la Résistance. D'abord, parmi ces résistants, chacun a défendu une conception différente de la mémoire de la Résistance – notamment, Daniel Cordier, d'un côté, qui s'est fait le défenseur acharné de la vérité historique la plus pointue, et Lucie Aubrac, de l'autre. Ensuite, je pense que, durant la table ronde, ont resurgi, sous les yeux des participants, puis des lecteurs, de vieilles querelles bien connues datant de la période elle-même, notamment entre la résistance intérieure, d'un côté, représentée ici par les Aubrac, et les représentants du général de Gaulle et de la résistance extérieure, de l'autre, dont Daniel Cordier est une figure désormais emblématique. Enfin, comme en télescopage, est apparu un autre rapport de forces : celui qui opposait les Aubrac et une partie des historiens présents, parce que l'instrumentalisation avait échoué et parce que le conflit habituel, et la plupart du temps amical, qui caractérise le rapport entre témoins et historiens s'était de par ce fait même durci.

En fin de compte, nous nous sommes tous retrouvés dans un piège à multiples ressorts que personne ne contrôlait plus réellement. Ce n'est pas une justification, c'est un constat. Un constat qui ne doit pas faire oublier que si cette affaire a suscité chez certains un malaise, c'est peut-être aussi parce qu'il est inhérent au dossier lui-même, et à l'attitude et aux déclarations de Lucie et de Raymond Aubrac eux-mêmes. Et de cela, les historiens ne sont ni de près ni de loin responsables.

> **Je suis plus sceptique que vous sur cette question ; cela dit, au-delà de l'affaire Aubrac, ne pensez-vous pas que l'héritage de la Résistance est aujourd'hui menacé et que c'est une situation inquiétante ?**

Sans doute, et, comme d'autres historiens de cette période, j'ai émis cette hypothèse il y a déjà fort longtemps. Encore faut-il s'entendre sur le sens des mots. Je ne crois pas que la Résistance soit menacée par le regard historique en tant que tel. Sa mémoire fait aujourd'hui problème pour plusieurs autres raisons.

Cela tient d'abord à des attaques idéologiques, comme celles qui se sont opérées contre Jean Moulin depuis des décennies et, encore tout récemment, je l'ai rappelé : formuler des accusations sans preuves n'a rien à voir avec l'investigation historique.

C'est ensuite la conséquence pour partie de la réévaluation en cours de l'histoire du communisme, et donc de l'histoire de l'antifascisme, dans la lignée de ce qu'a fait François Furet, dans *Le Passé d'une illusion*. C'est là un débat d'un tout autre ordre, qui pose la question de savoir comment, moralement, on peut faire fructifier un héritage politique tout en laissant de côté ses aspects négatifs. À cet égard, je ne partage pas les vues de François Furet sur la condamnation univoque de l'antifascisme comme levier du communisme international durant les années trente et quarante, et je souscris pleinement à l'idée d'un nécessaire bilan critique et sans complaisance, qui tenterait de distinguer – si c'est possible, et comme pour d'autres événements – l'analyse historique de la morale politique.

Enfin, il est nécessaire d'avancer un troisième argument pour expliquer la situation actuelle de la mémoire de la Résistance. Ceux, parmi les historiens ou parmi les anciens résistants, qui prétendent écrire une histoire de la Résistance en gardant à l'esprit qu'il faut, en même temps, lui conserver toute sa valeur édifiante se trompent à mon sens lourdement. C'est peut-être compréhensible de la part des acteurs, même si on peut les critiquer, cela l'est moins de la part d'intellectuels ou de chercheurs. On n'écrit pas l'histoire avec pour objectif de défendre telle ou telle valeur, c'est l'écriture même de l'histoire, une écriture libre et critique, restituant toute l'épaisseur et toute la complexité du passé, qui est une valeur en soi et qui, elle, mérite d'être défendue. Soit tel épisode du passé recèle, en lui-même, une portée universelle – ce qui est le cas de l'engagement résistant –, et il n'est donc nul besoin que la narration historique la mette en évidence : le faire, c'est au contraire prendre le risque d'écrire une histoire mythologique, finalisée au sens le plus suspect du terme, avec les risques de trahir les faits, dans la même logique que les dérives actuelles du devoir de mémoire. C'est au bout du compte considérer que l'héritage de cet événement ne se suffit pas à lui-même et donc, paradoxalement, le fragiliser du fait même qu'on cherche à le défendre par une connaissance orientée. Soit l'événement ne recèle plus de valeur pour le contemporain, et il est alors parfaitement illusoire de lui en recréer une artificiellement. En tout cas, ce n'est pas le rôle de l'historien que d'être un évangéliste, une attitude à mon sens aussi critiquable que celle de juge ou de procureur.

Au risque de paraître à mon tour idéaliste, je crois qu'il faut faire confiance au tribunal de l'Histoire, tout en gardant à l'esprit que le devoir de vérité, le devoir de connaissance lui est indissociable. L'héritage de la Résistance, française et étrangère, au nazisme et au fascisme n'a pas besoin, aujourd'hui, d'être défendu, pas plus qu'il n'est nécessaire de convoquer Vichy devant un tribunal temporel : la première a largement gagné le combat de la postérité, elle a imprégné, par ses idéaux, qui remontent d'ailleurs bien en amont de la Seconde Guerre mondiale, nos sociétés démocratiques ; le second est à l'évidence un vaincu de l'Histoire, et il n'est nul besoin de l'ériger à nouveau en adversaire imaginaire avec pour seul objectif de conforter des postures idéologiques se réclamant, de manière anachronique, de l'antifascisme.

Si de nouveaux périls menacent, plutôt que de ressusciter des fantômes, c'est à nous d'inventer les nouvelles formes d'action, de résistance, qui nous permettront d'affronter les combats d'aujourd'hui et de demain. La vérité historique qui est une nécessité éthique, reste également, dans cette perspective, une arme indispensable. Les tensions et les incertitudes dont elle est porteuse, qui reflètent l'incomplétude de l'homme, doivent nous conduire à la connaissance et non pas à la foi : la transmission du passé ne doit pas se résumer au culte passif des héros et des victimes.

Entretiens réalisés entre
décembre 1997 et février 1998.

1. SAINT AUGUSTIN, *Confessions*, livre XI, chapitre XXVII, traduction de Joseph Trabucco, Paris, Garnier-Flammarion, 1964, p. 277-278. Saint Augustin est commenté par Paul Ricœur, dans *Temps et récit*, tome I : *L'Intrigue et le Récit historique*, Paris, Le Seuil, 1983, chapitre I.

2. On peut citer une thèse récente en psychiatrie qui aborde avec beaucoup de pertinence à la fois le traumatisme individuel et le traumatisme historique : Jean-Marc Berthomé, *Recherche psychanalytique sur la survivance des traumatismes concentrationnaire et génocidaire de la Seconde Guerre mondiale*, université de Paris-XI, faculté de médecine de Paris-Sud, 2 volumes, 1997.

3. Maurice HALBWACHS, *La Mémoire collective*, Paris, PUF, 1968, p. 77-78 (1re éd. 1950). De Marc Bloch, voir notamment « Que demander à l'histoire ? », conférence au Centre polytechnicien d'études économiques (le groupe « X-Crise »), janvier 1937, repris dans Marc BLOCH, *Histoire et historiens. Textes réunis par Étienne Bloch*, Paris, Armand Colin, 1995, p. 29-43.

4. Sur cette distinction, voir Marie-Claire Lavabre, « Du poids et du choix du passé. Lecture critique du "syndrome de Vichy" », *in* Denis Peschanski, Michael Pollak et Henry Rousso (sous la dir. de), *Histoire politique et sciences sociales*, Bruxelles, Complexe-IHTP, 1991, p. 265-278, ainsi que *Le Fil rouge. Sociologie de la mémoire communiste*, Paris, Presses de la FNSP, 1994.

5. Pierre NORA, « L'ère de la commémoration », *in* Pierre NORA (sous la dir. de), *Les Lieux de mémoire*, tome III : *Les France*, vol. 3 : *De l'archive à l'emblème*, Paris, Gallimard, 1992, p. 977.

6. Pierre NORA, « Le syndrome, son passé, son avenir », *in* « Forum : the Vichy Syndrome », *French Historical Studies*, vol. 19, n° 2, automne 1995, p. 487-493, dossier comprenant également des articles de John Hellman et de Bertram M. Gordon ainsi que ma réponse : « Le syndrome de l'historien », p. 519-526.

7 Friedrich NIETZSCHE, « De l'utilité et des inconvénients de l'histoire pour la vie », *Considérations inactuelles*, traduction de Pierre Rusch, Paris, Gallimard, 1990, coll. « Folio-Essais », p. 97.

8. Yosef Hayim YERUSHALMI, *Zakhor. Histoire juive et mémoire juive*, 1re éd., Washington, 1982, 2e éd., Paris, La Découverte, 1984, traduction d'Éric Vigne.

9. Voir Florence Heymann (sous la dir. de), « Les nouveaux enjeux de l'historiographie israélienne », *Lettre d'information du Centre de recherche français de Jérusalem*, n° 12, décembre 1995.

10. Jorge SEMPRUN, *L'Écriture ou la vie*, Paris, Gallimard, 1994, p. 23-24.

11. Charles SEIGNOBOS, *Histoire sincère de la nation française. Essai d'une histoire de l'évolution du peuple français*, Paris, Rieder-PUF, 1939, p. 394 (1re éd. 1933).

12. Cité par François Bédarida, « La dialectique passé-présent et la pratique historienne », *in* François Bédarida (sous la dir. de), *L'Histoire et le Métier d'historien en France. 1945-1995,* Paris, Éditions de la Maison des sciences de l'homme, 1995, p. 75-85.

13. Raymond ARON, *Dimensions de la conscience historique,* Paris, Plon, 1961, p. 100-101.

14. Voir Danièle Voldman (sous la dir. de), *La Bouche de la vérité ? La Recherche historique et les Sources orales, Les Cahiers de l'IHTP,* n° 21, novembre 1992.

15. Voir, sur ce point, le numéro spécial de *Vingtième siècle. Revue d'histoire,* « Cinéma, le temps de l'histoire », n° 46, avril-juin 1995, coordonné par Christian Delage et Nicolas Rousselier. Voir également Antoine de Baecque et Christian Delage (sous la dir. de), *De l'histoire au cinéma,* Bruxelles/Paris, Complexe/IHTP-CNRS, 1998, coll. « Histoire du temps présent ».

16. Entretien avec Nicolas Weill, *Le Monde,* 16 octobre 1997.

17. René RÉMOND et alii, *Touvier et l'Église. Rapport de la commission historique instituée par le cardinal Decourtray,* Paris, Fayard, 1992.

18. Gérard CHAUVY, *Aubrac, Lyon 1943,* Paris, Albin Michel, 1997. L'ouvrage a été préfacé par un ancien résistant, René Fallas. Il a été attaqué par Raymond Aubrac en diffamation, en février 1998.

19. Voir *Libération,* 10 juillet 1997 (articles de Lucie et Raymond Aubrac), 11 juillet 1997 (articles de Daniel Cordier, Dominique Veillon et Henry Rousso), 12-13 juillet 1997 (articles de Jean-Pierre Vernant, Laurent Douzou et François Bédarida).

20. Pierre LABORIE, « Historiens sous haute surveillance », *Esprit,* n° 198, janvier 1994, p. 36-49.

21. Thierry WOLTON, *Le Grand Recrutement,* Paris, Grasset, 1993. Pour les réfutations, voir Pierre Vidal-Naquet, *Le Trait empoisonné. Réflexions sur l'affaire Jean Moulin,* Paris, La Découverte, 1993 ; Jean-Pierre Azéma, François Bédarida, Robert Frank (sous la dir. de), « Jean Moulin et la Résistance en 1943 », *Les Cahiers de l'IHTP,* n° 27, juin 1994, ainsi que Éric Conan et Henry Rousso, *Vichy, un passé qui ne passe pas,* 1re éd., Paris, Fayard, 1994, nouv. éd., Paris, Gallimard, coll. « Folio-Histoire », 1996.

bibliographie

« La responsabilité sociale de l'historien »,
Diogène, n° 168, 1994.

« Que faire de Vichy ? », *Esprit*, 5, mai 1992,
dossier présenté par Éric Conan et Daniel Lindenberg.

« Que reste-t-il de la Résistance ? », *Esprit*, 1, janvier 1994,
dossier présenté par Éric Conan et Daniel Lindenberg.

ARENDT Hannah, *Eichmann à Jérusalem. Rapport
sur la banalité du mal*, présenté par Michelle-Irène Brudny-
de Launay, traduction d'Anne Guérin, Paris, Gallimard,
coll. « Folio », 1991 (1re éd. 1963).

ARON Raymond, *Dimensions de la conscience historique*,
Paris, Plon, 1961 ; *Leçons sur l'histoire*, présentation
de Sylvie Mesure, Paris, Éd. de Fallois, 1989.

AUGUSTIN (saint), *Confessions*, traduction et préface
de Joseph Trabucco, Paris, Garnier-Flammarion, 1964.

Au sujet de Shoah *de Claude Lanzmann*, Paris, Belin, 1990.

BÉDARIDA François (sous la dir. de), *L'Histoire
et le Métier d'historien en France, 1945-1995*,
Paris, Éditions de la Maison des sciences de l'homme, 1995.

BIRNBAUM Pierre, *La France imaginée. Déclin des rêves
unitaires ?*, Paris, Fayard, 1998.

BLOCH Marc, *Apologie pour l'histoire ou métier d'historien*,
édition critique préparée par Étienne Bloch, préface de
Jacques Le Goff, Paris, Armand Colin, 1993 ;
Histoire et historiens. Textes réunis par Étienne Bloch,
Paris, Armand Colin, 1995.

BOUTIER Jean et JULIA Dominique (sous la dir. de),
Passés recomposés. Champs et chantiers de l'histoire,
Paris, Éd. Autrement, 1995.

CHAUMONT Jean-Michel, *La Concurrence des victimes.
Génocide, identité, reconnaissance*,
Paris, La Découverte, 1997.

FARGE Arlette, *Des lieux pour l'Histoire*, Paris, Le Seuil, 1997.

FINKIELKRAUT Alain, *La Mémoire vaine. Du crime contre
l'humanité*, Paris, Gallimard, 1989.

FREI Norbert, *Vergangenheitspolitik. Die Anfänge
der Bundesrepublik und die NS-Vergangenheit*,
Munich, Verlag C. H. Beck, 1996.

FRIEDLÄNDER Saul (sous la dir. de), *Probing the Limits of Representation. Nazism and the "Final Solution"*, Cambridge, Harvard University Press, 1992.

GALLERANO Nicola, *L'uso publico della storia*, Milan, FrancoAngeli, 1995.

GINZBURG Carlo, *Le Juge et l'Historien. Considérations en marge du procès Sofri*, traduction de Myriem Bouzaher et alii, Paris, Verdier, 1997 (1re éd. Turin, 1991).

GROSSER Alfred, *Le Crime et la Mémoire*, Paris, Flammarion, 1989.

HALBWACHS Maurice, *Les Cadres sociaux de la mémoire*, Paris-La Haye, Mouton, 1976, préface de François Châtelet (1re éd. Alcan, 1925) ; *La Mémoire collective*, Paris, PUF, 1968, préface de Jean Duvignaud, introduction de Jean-Michel Alexandre (1re éd. PUF, 1950) ; ces deux ouvrages ont été réédités chez Albin Michel en 1994 et 199 avec une présentation de Gérard Namer.

HEGEL Georg Wilhelm Friedrich, *La Raison dans l'Histoir Introduction à la philosophie de l'Histoire*, traduction de Kostas Papaioannou, Paris, Plon, 1965 (1re éd. 1822-1828) ; *Leçons sur la philosophie de l'Histoire*, traduction de J. Gibelin, Paris, Vrin, 1979 (1re éd. 1837).

HILBERG Raul, *La Politique de la mémoire*, traduction de Marie-France de Paloméra, Paris, Gallimard, 1996 (re éd. 1994).

Institut d'histoire du temps présent, *Écrire l'histoire du temps présent. En hommage à François Bédarida*, Paris, CNRS Éditions, 1993.

JANKÉLÉVITCH Vladimir, *L'Imprescriptible. Pardonner ? Dans l'honneur et la dignité*, Paris, Le Seuil, 1986.

KOSELLECK Reinhart, *Le Futur passé. Contributions à la sémantique des temps historiques*, traduction de Jochen et Marie-Claire Hoock, Paris, Éd. de la Maison des sciences de l'homme, 1990 (1re éd. Francfort-sur-le-Main, 1979) ; *L'Expérience de l'histoire*, préface de Michael Werner, traduction d'Alexandre Escudier et alii, Paris, Hautes Études-Gallimard-Le Seuil, 1997.

LAVABRE Marie-Claire, *Le Fil rouge. Sociologie de la mémoire communiste*, Paris, Presses de la FNSP, 1994 « Usages du passé, usages de la mémoire », *Revue française de science politique*, 3, juin 1994.

NIETZSCHE Friedrich, *Considérations inactuelles I et II*,
traduction de Pierre Rausch, Paris, Gallimard,
coll. « Folio-Essais », 1990 (1ʳᵉ éd. 1873-1874).

NOIRIEL Gérard, *Sur la « crise » de l'histoire*,
Paris, Belin, 1996.

NORA Pierre (sous la dir. de), *Les Lieux de mémoire,* tome I :
La République, tome II : *La Nation,* 3 vol., tome III : *Les
France,* 3 vol., Paris, Gallimard, 1984, 1986 et 1992.

POLLAK Michael, *L'Expérience concentrationnaire.*
Essai sur le maintien de l'identité sociale,
Paris, Éd. Métailié, 1990.

PROST Antoine, *Douze leçons sur l'histoire,*
Paris, Le Seuil, coll. « Points-Histoire », 1996.

RICŒUR Paul, *Temps et récit,* tomes I, II et III,
Paris, Le Seuil, 1983-1985 ; *La Critique et la Conviction.*
Entretien avec François Azouvi et Marc de Launay,
Paris, Calmann-Lévy, 1995.

ROUSSO Henry, *Le Syndrome de Vichy de 1944 à nos jours,*
Paris, Le Seuil, coll. « Points-Histoire », 1990 (1ʳᵉ éd. 1987).

ROUSSO Henry, *Vichy, un passé qui ne passe pas,*
Paris, Gallimard, coll. « Folio-Histoire », 1996
(1ʳᵉ éd. Fayard, 1994), avec Éric Conan.

SHUR Emma, « Pédagogiser la Shoah ? », *Le Débat,* n° 96,
septembre-octobre 1997.

TAGUIEFF Pierre-André, *Les Fins de l'antiracisme,*
Paris, Michalon, 1995.

THIBAUD Paul, « Un temps de mémoire ? », *Le Débat,*
n° 96, septembre-octobre 1997.

TODOROV Tzvetan, *Les Abus de la mémoire,* Paris, Arléa, 1995.

VIDAL-NAQUET Pierre, *Réflexions sur le génocide. Les Juifs,*
la Mémoire et le Présent, Paris, La Découverte, 1995.

VOLDMAN Danièle (sous la dir. de), *La Bouche de la vérité ?*
La Recherche historique et les Sources orales,
Les Cahiers de l'IHTP, n° 21, novembre 1992.

WIEVIORKA Annette, *Déportation et génocide.*
Entre la mémoire et l'oubli, Paris, Plon, 1992.

YERUSHALMI Yosef Hayim, *Zakhor. Histoire juive*
et mémoire juive, traduction d'Éric Vigne, Paris,
La Découverte, 1984 (1ʳᵉ éd. Washington, 1982).

1942-4/1961.

p121.

Achevé d'imprimer
sur OFFSET
par l'imprimerie IBP
91700 Fleury
N° d'impression :
Dépôt légal : avril 1998
Imprimé en France